U0821453

财经商贸类专业精品课程规划教材

金融风险合规管理

主　编　刘有树　邓云赟
副主编　李继梅　陈　姣

苏州大学出版社
Soochow University Press

图书在版编目(CIP)数据
金融风险合规管理 / 刘有树，邓云赟主编. -- 苏州 ：苏州大学出版社，2025. 7(2025. 8 重印). -- ISBN 978-7-5672-5242-4
Ⅰ. F832.1
中国国家版本馆 CIP 数据核字第 2025MH3182 号

金融风险合规管理
刘有树　邓云赟　主编
责任编辑　王　亮
助理编辑　王　叶

苏州大学出版社出版发行
(地址：苏州市十梓街 1 号　邮编：215006)
镇江文苑制版印刷有限责任公司印装
(地址：镇江市黄山南路 18 号润州花园 6-1 号　邮编：212000)

开本 787 mm×1 092 mm　1/16　印张 10.25　字数 263 千
2025 年 7 月第 1 版　2025 年 8 月第 2 次印刷
ISBN 978-7-5672-5242-4　定价：39.00 元

图书若有印装错误,本社负责调换
苏州大学出版社营销部　电话：0512-67481020
苏州大学出版社网址　http://www.sudapress.com
苏州大学出版社邮箱　sdcbs@ suda.edu.cn

前言

现代金融已经渗透到社会经济生活的方方面面，现代经济从某种意义上说就是金融经济。金融与宏观经济发展紧密相关，也与企业、家庭、个人经济活动联系在一起，金融在资源配置中处于枢纽地位的作用日益突显。金融业作为现代服务业的重要组成部分，其涵盖的银行、证券、保险、基金、期货、外汇、黄金交易等领域都随着现代金融体系的完善而快速发展。社会各经济主体越来越需要系统了解和掌握金融理论知识。金融的发展也伴随着金融风险的产生，如何对金融风险进行有效管理也成为一个理论界、金融界和监管部门共同关心的热点问题。我国政府高度重视对金融风险的防范和化解，多次明确提出要守住不发生系统性金融风险的底线。由此可见，培养具有较强金融风险管理能力的金融人才符合当前的时代需求，希望本书的出版能为金融风险管理人才的培养尽一份绵薄之力。

本书强调社会主义核心价值观在课程中的价值引领作用，同时力图做到前沿性、理论性和实践性的有机结合，综合考虑了常见金融风险的管理问题，还结合金融风险的特殊性对风险管理做了具体分析。本书的主要特点有：

1. 坚持立德树人，培育和践行社会主义核心价值观。本着落实立德树人根本任务，坚持以习近平新时代中国特色社会主义思想为指导，结合课程实际和育人要求，本书通过融入“职业操守”“诚实守信”“法治意识”“严谨求真”等方面的育人内容，将社会主义核心价值观融入课程教学、人才培养全过程，助力培养德智体美劳全面发展的高素质专业人才。

2. 前沿理论突出。本书结合了国内外理论研究的最新成果以及风险管理实践中的最新探索，尤其是中国金融风险管理的有益探索，有助于学生了解金融风险管理理论与合规管理实践最新进展，掌握金融风险管理的发展趋势与最新合规管理方式方法；培养学生国际化视野的同时，更重视本土意识与制度自信。

3. 理论与实践相结合。本书对金融风险合规管理的有关理论进行了比较全面的梳理和介绍,有助于拓展学生的知识面和提高其理论水平。本书以培养学生具备履行岗位职责所需要的专业能力、知识能力和素质能力为基本原则,强调学生在学习过程中的主导地位,核心目标是使学生具备从事相应职业所必需的职业能力与素养。同时,为满足技能型人才培养的教学要求以及贴近实际工作的需要,在每个小节中都安排了案例分析,以期在发挥价值引领作用的同时激发学生的学习兴趣,使学生对金融风险合规管理的理解更透彻,达到掌握理论知识且能进行分析和运用的目的。

4. 以财经商贸类人才培养方案为指导,满足专业理论实践一体化教学要求。为了适应培养高端技能型人才的职业教育教学特点,本书将每个章节设定的学习目标都分解为知识目标、能力目标和思政目标三大类。以金融在实际工作中的应用方向和具体要求为出发点,以专业岗位的任职要求为指导,通过职业分析确定综合能力,根据能力分析确定能力与素质标准,将能力与素质标准转换为知识内容。每个章节都以结构图的形式总结了知识内容,使能力的开发、素质的养成和知识的掌握有机地结合在一起。为配合理论实践一体化教学,每个章节后都附有复习思考题,并设计了一定的实务操作题与案例分析题,以强化学生职业能力的训练,充分体现职业性、实践性和开放性。

本书由刘有树、邓云赟担任主编,李继梅、陈姣担任副主编。其中,第一章、第四章、第九章由刘有树编写;第二章由邓云赟编写;第三章、第六章由李继梅编写;第五章、第七章、第八章由陈姣编写。全书由刘有树总撰定稿。在编写过程中,我们参阅了大量国内外资料,吸收了诸多专家学者的研究成果,在此对相关作者表示诚挚的感谢!

由于金融风险合规管理的理论和实践在不断发展,加之编者水平有限,书中不足之处在所难免,恳请各位读者和专家指正,以便我们进一步完善。

编　者

2025 年 2 月

CONTENTS

目录

第一章

金融风险概述

学习目标

知识目标

● 认知风险的含义，把握风险的一般特征，了解风险的构成要素和种类。

● 知晓金融风险的含义、特征、形成原因与分类。

● 了解金融风险管理的框架、流程与常见方法。

能力目标

● 通过对风险与金融风险理论的学习，能结合实际培养识别风险的专业技能，提升分析基本金融风险的专业能力与素养。

思政目标

● 培养爱国情怀、社会责任感和使命感，树立国家金融安全大局意识，守住不发生系统性金融风险的底线意识。

学习重点

● 风险的含义及特征。

● 金融风险的含义、特征、形成原因与分类。

● 金融风险管理的框架、流程与常见方法。

内容结构

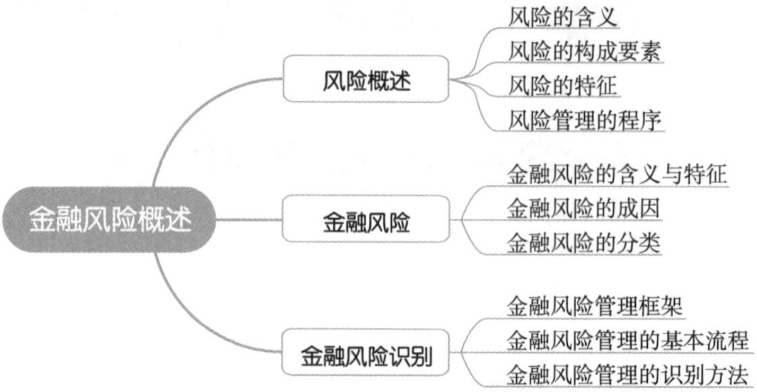

第一节　风险概述

引导案例

2021 年 4 月 21 日 13 时 43 分，黑龙江省绥化市安达市黑龙江凯伦达科技有限公司在三车间制气釜停工检修过程中发生中毒窒息事故，造成 4 人死亡、9 人中毒受伤，直接经济损失 873 万元。事故原因是，在 4 个月的停产期间，制气釜内气态物料未进行退料、隔离和置换，制气釜底部聚集了高浓度的氧硫化碳与硫化氢混合气体，维修作业人员在没有采取任何防护措施的情况下，进入制气釜底部作业，吸入有毒气体造成中毒窒息。救援过程中，救援人员在没有采取防护措施的情况下多次向釜内探身、呼喊、拖拽施救，致使现场 9 人不同程度中毒受伤。

资料来源：中国应急管理报.2021 年全国生产安全事故十大典型案例[EB/OL].(2022-01-20)[2024-12-15].https://baijiahao.baidu.com/s?id=1722461093883529386&wfr.(有改动)

案例讨论

(1) 本案例中出现了怎样的风险事故?

(2) 这些风险可以避免吗? 请简单分析一下这些风险产生的原因。

上述案例告诉我们，生活中处处存在着风险，那么，什么是风险呢?

案例讨论参考答案

一、风险的含义

风险，简单地说就是损失的不确定性。一般的风险指的是在特定环境下，某种随机事件发生后给人的利益造成损失的不确定性。

二、风险的构成要素

为了对风险的含义有更清晰的了解，我们不妨进一步“解剖”风险。无论什么样的风险，都可以细分为风险因素、风险事故和损失三类构成要素。正是这三类构成要素的共同作用，决定了风险的客观存在性及其复杂性。

（一）风险因素

风险因素是指引起风险事故发生或增加风险事故发生可能的原因和条件，还包括风险事故发生时，致使损失扩大的原因和条件。

【案例1-1-1】　2021年6月13日6时42分许，湖北省十堰市张湾区艳湖社区集贸市场发生燃气爆炸事故，造成26人死亡、138人受伤，其中重伤37人，直接经济损失约5 395.41万元。事故原因有以下几点。首先，天然气中压钢管严重腐蚀导致破裂，泄漏的天然气在集贸市场涉事故建筑物下方河道内密闭空间聚集，遇餐饮商户排油烟管道排出的火星发生爆炸。其次，涉事故燃气管道改造时违规将管道穿越集贸市场涉事故建筑物下方，形成重大事故隐患。再次，十堰东风中燃城市燃气发展有限公司持续5年未对集贸市场下方河道下面相对危险的区域开展巡线；对燃气泄漏报警、管道压力传感器长时间处于故障状态等系统性隐患熟视无睹；任命未取得执业资格考核合格证的人员分管安全生产工作；任命从未参加过业务培训、不了解巡线职责、不会使用燃气检漏仪的人员担任巡线班组负责人。最后，燃气管理部门对燃气企业执法检查121次，但未对违法行为实施过行政处罚。

资料来源：中国应急管理报.2021年全国生产安全事故十大典型案例[EB/OL].(2022-01-20)[2024-12-15].https://baijiahao.baidu.com/s?id=1722461093883529386&wfr.(有改动)

案例讨论

（1）本案例中集贸市场发生燃气爆炸事故的风险因素主要有哪些？

（2）请结合你的理解，谈谈如何消除集贸市场发生燃气爆炸事故的风险因素。

案例讨论参考答案

（二）风险事故

风险事故是指造成人身伤亡或财产损失的偶发事件。风险事故意味着风险的可能性转化成了现实性。很多时候，人们往往直至风险事故发生，且造成了人身伤亡或财产损失，才会意识到某种风险的存在。从这个意义上说，风险是由风险事故来体现的。风险事故发生的根源主要有三种：一是自然力的运动，即人们常说的天灾，如地震、火山爆发、泥石流、山体滑坡、海啸、台风、龙卷风、洪水、干旱、冻害、雹灾、雷电等自然灾害；二是人或物的行为和运动，如车祸、空难、沉船、爆炸、火灾、盗窃等；三是社会经济的变动，如战争、社会动乱、经济危机、金融风暴等。

某一特定事件究竟属于风险事故还是风险因素，还需要具体问题具体分析。如果某事件是造成损失的直接原因，它就属于风险事故；而在其他条件下，该事件可能是造成损失的间接原因，便属于风险因素。例如，道路塌方导致发生车祸，造成人员伤亡，这时道路塌方是风险因素，车祸是风险事故；若道路塌方直接伤及行人，则道路塌方就是风险事故。

（三）损失

一般来说，损失是指某种原因导致的利益、价值、物品或机会等方面的减少、丧失或损害。从经济层面来看，主要是金钱、财产的减少。

在金融风险管理中，损失是指风险事件发生导致的财务或非财务价值的减少，直接影响机构的经济效益、资本充足性或声誉。其核心意义在于量化和管理风险敞口，确保金融机构的稳健运营。在金融风险管理中，"损失"不仅是事后结果，更是事前评估和控制的对象。通过科学的量化工具和全面的管理策略，金融机构需平衡风险与收益，确保在不确定环境中维持生存能力和竞争优势。理解损失的来源、性质及应对方法，是金融风险管理的核心任务之一。

从风险因素、风险事故与损失三者之间的关系来看，风险因素引发风险事故，而风险事故导致损失。也就是说，风险因素的存在不一定导致风险事故的发生，风险因素是风险事故发生的潜在原因，是造成损失的间接原因，而风险事故是造成损失的直接的或外在的原因。风险因素、风险事故与损失之间的关系如图 1-1-1 所示。

$$\text{风险因素}\xrightarrow{\text{可能导致}}\text{风险事故}\xrightarrow{\text{造成}}\text{损失}$$

图 1-1-1　风险因素、风险事故与损失之间的关系

三、风险的特征

从风险的特征着眼，有助于更好地认识什么是风险。风险具有以下主要特征。

（一）风险的客观性

风险是一种不以人的意志为转移、独立于人的意识的客观存在。人们只能在一定的时间和空间内改变风险存在和发生的条件，降低风险发生的概率和损失程度。但是，从总体上说，风险是不可能被彻底消除的。风险的客观存在决定了保险活动或保险制度存在的必要性。

（二）风险的普遍性

人类的历史就是与各种风险相伴的历史。人类自出现以来就面临着各种各样的风险，科学技术的发展和生产方式的改变又带来了新的风险，且风险事故造成的损失也越来越大。可以说，风险存在于社会、企业、个人生活的方方面面，无处不在，无时不有。

（三）风险的不确定性

风险的不确定性体现在三个方面。第一，风险是否发生不确定。总体上，风险的发生往往展现出明显的规律性，具有一定的必然性，但就个体风险而言，其是否发生是偶然的，具有不确定性。第二，风险发生的时间不确定。有些风险是必然要发生的，但何时发生是不确定的，例如人的死亡。第三，风险产生的结果不确定，即损失程度存在不确定性。

（四）损失发生的不确定性

风险的不确定性意味着其结果有三种可能性：损失、无损失或收益。例如，商业投资可能面对的后果不外乎亏损、不盈不亏或盈利三种情况。正是因为损失发生的不确定性，才需要对风险进行管理。

（五）风险的可测性

个别风险的发生是偶然的、不可预知的，但通过对大量风险事故的观察会发现，其往往呈现出明显的规律性。根据以往大量的资料，利用概率论和数理统计的方法可以测算风险事故发生的概率及其损失程度，并且可构造出损失分布的模型，作为风险估测的基础。

（六）风险的发展性

人类社会在自身进步和发展的同时，也创造和发展了风险，尤其是当代高新科学技术的发展与应用，使风险的发展性更为突出。例如，向太空发射卫星，把风险拓展到了外层空间；原子能的利用、核电站的建立，带来了核污染及核爆炸的巨大风险；等等。因而，风险会因时间、空间因素的不断发展变化而发展变化。

学中做，做中学

（1）试对各种交通工具的安全性进行排名。

（2）说一说你认为风险比较高的职业。

（3）生活中，可能面临的风险主要有哪些？

"学中做，做中学"参考答案

四、风险管理的程序

风险管理的程序分为风险识别、风险评估、风险管理方法选择、风险管理效果评价四个环节（图 1-1-2）。

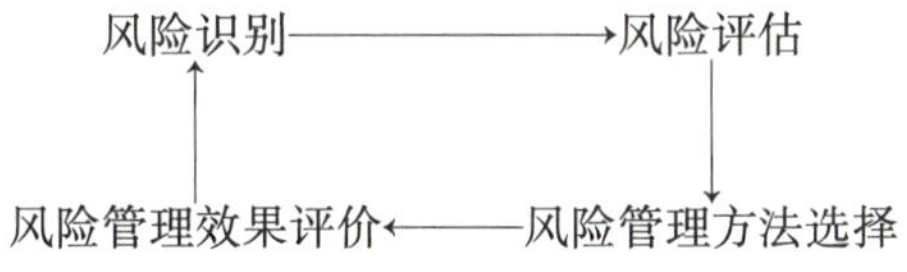

图 1-1-2　风险管理的程序

（一）风险识别

风险识别是指经济单位或个人对所面临的及潜在的风险加以判断、归类整理，并对风险的性质进行鉴定的过程。风险识别是风险管理的基础，要解决的主要问题其实就是认清风险因素、风险的性质及后果。以企业的风险管理为例，企业的发展兴衰历程类似人的生命，企业在其生命周期中会经历各种机会,同时也会遭遇各种风险。风险管理人员通过生产流程分析、实地调查、财务状况分析、投入产出分析等方法,对各种潜在的风险进行系统归类,并明确企业或项目面临的绝大多数风险,为后续的风险管理工作奠定基础。

(二) 风险评估

风险评估是指在风险识别的基础上,通过对所收集的大量详细损失资料加以分析,运用概率论和数理统计等方法确定风险事故在一定时间内发生的可能性,即概率;结合对可能造成损失的严重程度的预测,估计总体损失的大小。根据对面临风险的评估和自身风险承受能力的比较,可以将风险分为不可忍受的风险、难以忍受的风险和相对不重要的风险等不同等级,进而为选择适当的风险管理技术提供依据。

(三) 风险管理方法选择

为实现风险管理目标,根据风险评估的结果选择最佳的风险管理方法是风险管理中最为重要的环节。风险管理方法分为控制型和财务型两类:控制型风险管理方法旨在降低损失发生的概率和损失程度,重点在于改变引起风险事故的各种条件;财务型风险管理方法则针对无法控制的风险进行财务上的安排。

(四) 风险管理效果评价

风险管理效果评价是指分析、比较已实施的风险管理方法的结果与预期目标的契合程度,以此来评判风险管理方案的科学性、适应性和收益性。随着时间的推移,风险可能会发生变化,有些风险可能会变小甚至消失,而有些以前不存在的风险可能会暴露。因此,风险管理需要形成一种动态反馈机制,风险管理效果评价就是对原有的风险管理方案进行调整的重要依据。

第二节 金融风险

引导案例

1988 年,梁伯韬与杜辉廉创办私人银行——“百富勤投资集团有限公司”(以下简称“百富勤”),百富勤中文取意为“百富寓勤”,而英文 Peregrine 意为游隼(一种猎鹰)。它的创立得到了当时不少华人富豪的支持。百富勤在成立初始时主要从事一些商业银行业务和证券买卖。成立仅一年的百富勤用 3 亿港元的资金收购了市值逾 14 亿港元的广生行。集团成立不到两年,百富勤已经同时控制了广生行和泰盛国际两家上市公司。

1997 年 5 月,百富勤向印尼出租车公司提供巨额无担保贷款来扩大其包销债券的业务,减少了企业的现金流,并再次大量发行定息债券。1997 年 11 月,百富勤宣布引进瑞士苏黎世中心集团作为策略性股东,投资 2 亿美元认购可赎回可换股优先股,并定于 1998 年

1月9日批准此交易。但由于亚洲经济面临崩溃,苏黎世中心集团和美国第一芝加哥银行于1998年1月9日分别宣布取消已认购百富勤的可赎回可换股优先股,从而导致百富勤财务状况进一步恶化。而亚洲金融危机的出现使得百富勤陷入信贷危机。由于印尼等东南亚国家货币持续大幅度贬值,发行定息债券公司的偿还能力下降,百富勤无力以美元回购此类债券,面临资金严重短缺的困境,最终出现资债无法相抵的状况,只能宣布破产。

资料来源:中国经营报.十年辉煌毁于一旦 香港百富勤破产倒闭[EB/OL].(2001-04-10)[2024-12-18].http://finance.sina.com.cn/g/51114.html.(有改动)

案例讨论

(1) 香港百富勤公司破产的直接原因是什么?

(2) 从这个案例中分析是哪些金融风险导致百富勤公司破产。

上述案例告诉我们,企业管理不善或操作不当等可能导致诸多风险,那么,什么是金融风险呢?

案例讨论参考答案

一、金融风险的含义与特征

(一) 金融风险的含义

金融风险也是一种风险,是指金融变量的变动所引起的资产组合未来收益的不确定性。

金融风险有狭义与广义之分。狭义的金融风险专指银行、信托投资公司、证券公司、保险公司等金融机构由于各种不确定性因素而遭受损失的可能性,所涉及的范围比较小。广义的金融风险指个人、公司、金融机构、政府等所有参与金融活动的交易主体因不确定性而遭受损失的可能性,所涉及的范围比较大。不论是狭义概念还是广义概念,其本质含义都是金融资产遭受损失的不确定性。

金融风险是指金融活动中,各种经济变量(尤其是金融变量)发生不确定的变化,导致行为人遭受损失的可能性。可以从三个方面进行理解:

第一,金融风险广泛存在于一切金融活动之中,是金融活动的一种内在属性。无论是资本市场还是货币市场,无论是国内市场还是国际市场,金融风险都无时不有、无处不在。

第二,金融风险是交易主体遭受损失的不确定性。也就是说,一方面,金融风险并非一定就会造成损失,如面对股市的巨大风险,如果操作成功也会取得较大收益;另一方面,金融风险的实质是一种可能性,它既可能造成损失,也可能不造成损失。

第三,金融风险源自经济活动中的不确定性。不确定性越大,金融风险越大;不确定性越小,金融风险越小。不确定性既有外在的,也有内在的。外在不确定性源自经济体系之外,一般指经济运行过程中随机性、偶然性的变化或不可预测的趋势,如宏观经济走势等,它所造成的金融风险又称为"系统性风险";内在不确定性源自经济体系之内,这是由行为人主观决策和获取信息的不充分性等造成的,带有明显的个性特征,如企业的管理能力等,它所造成的金融风险又称为"非系统性风险"。

（二）金融风险的特征

1. 隐蔽性

隐蔽性是指由于金融机构经营活动的不完全透明性，在其不爆发金融危机时，可能因信用特点而掩盖金融风险不确定损失的实质。

2. 扩散性

扩散性是指由于金融机构之间存在复杂的债权和债务关系，一家金融机构出现危机可能导致多家金融机构接连倒闭的“多米诺骨牌”现象。

3. 加速性

加速性是指一旦金融机构出现经营困难，就会失去信用基础，甚至出现挤兑风潮，这样会加速金融机构的倒闭。

4. 不确定性

不确定性是指金融风险的发生需要一定的经济条件或非经济条件，而这些条件在风险发生前都是不确定的。

5. 可管理性

可管理性是指通过金融理论的发展、金融市场的规范、智能性的管理媒介，金融风险可以得到有效的预测和控制。

6. 周期性

周期性是指金融风险受经济循环周期和货币政策变化的影响，呈现规律性、周期性的特点。

【案例1-2-1】 2007年4月，美国第二大次级房贷公司——新世纪金融公司的破产就暴露了次级抵押贷款的风险。从2007年8月开始，美联储作出反应，向金融体系注入流动性以增加市场信心，美国股市也得以在高位维持。然而，2008年8月，美国房贷两大巨头——房利美和房地美（“两房”）股价暴跌，持有“两房”债券的金融机构大面积亏损。美国财政部和美联储被迫接管“两房”，以表明政府应对危机的决心。问题的根源在于：首先，美国政府不当的房地产金融政策为危机埋下了伏笔；其次，金融衍生品的滥用，拉长了金融交易链条，助长了投机；最后，美国货币政策推波助澜。美国许多金融机构在这次危机中难以幸免，其次贷问题的严重程度也远远超过人们的预期。美国次贷危机引发的华尔街风暴后来演变为全球性的金融危机，其过程之快，影响之巨，可谓始料未及。这是自第二次世界大战以来将全球经济拖入全面持续衰退的最严重的一次金融危机。

案例讨论

（1）从美国次贷危机案例中分析归纳金融风险的基本特征。

（2）联系实际并结合自己的理解说说金融风险的来源。

案例讨论参考答案

二、金融风险的成因

1. 杠杆率问题

杠杆化运作是金融的内在属性(最典型的银行、投资银行都是此类运作模式),如何有效把握适度杠杆率,是金融界始终未能解决的问题,而每次金融危机都与过度杠杆化运作密切相关。

2. 传染性问题

金融交易相互交错、相互连接,因而,往往一家机构、一个地区出现问题,极容易快速波及其他貌似无关的机构或地区,这种传染性通常会因为金融机构普遍的杠杆化运作而放大,即产生所谓的“蝴蝶效应”,最终酿成全局性的灾难。

3. 资产泡沫事先确认的困难

几乎每次金融危机都与各类资产泡沫的破灭有关。但是,由于资产价格取决于未来的现金流,而未来具有不确定性,因而,估测未来现金流的困难直接造成事先认定资产价格和确认是否存在泡沫的困难。

4. 动态适度监管问题

理论上说,如果相关部门能够事先知道适度的杠杆率水平,并加以有效监管,金融危机出现的次数就会少得多,金融危机的烈度也会低得多,但监管总是大幅落在金融创新之后,一般要经历一次金融危机后,监管政策才能向前有效推进。即便如此也仅仅是亡羊补牢,相关部门对未来可能出现的新风险点仍然无法有效处理。

5. 金融资产价格的波动

金融资产价格的波动是金融危机的一个重要标志。金融资产价格总是处在持续的波动之中,其原因包括以下几个方面:过度投资的存在、大量信用与杠杆交易、经济发展的不稳定与市场操纵机制作用等。

6. 信息不完善与不对称

信息不完善与不对称是指金融市场的交易双方在信息获取、处理和使用方面存在差异,导致市场价格无法充分反映真实的价值,从而影响市场效率和公平。

三、金融风险的分类

(一)按照风险来源和表现形式不同分类

1. 信用风险(credit risk)

信用风险又称“违约风险”,是指由于信用活动中存在不确定性而使信用活动主体遭受损失的可能性,即受信人不能履行约定契约中的义务而使授信人的预期收益与实际收益发生偏离的可能性,是金融风险的主要类型。信用风险的出现离不开两个方面:一是经济运行的周期性,二是影响公司经营的特殊事件的发生。造成信用风险的因素大致分为主观因素(债务人的品质、能力等)与客观因素(债务人的资本金所处的环境等)。

2. 操作风险(operational risk)

操作风险是指金融机构的交易系统不完善、管理失误或其他一些人为错误导致金融参与者潜在损失的可能性。

按操作风险的发生原因又可分为以下四种:

(1) 操作流程的缺陷:指交易、结算及日常的业务操作过程造成的损失。

(2) 人员因素:指雇员及其相关人员有意或无意造成的损失,或因公司与其客户、股东、第三方或监管者之间的关系而造成的损失。

(3) 系统性因素:指硬件、软件和通信系统发生故障而造成的损失。

(4) 外部事件:指由第三方造成的损失。

3. 市场风险(market risk)

广义的市场风险是指金融机构在金融市场的交易头寸由于市场价格因素的变动而可能获得的收益或遭受的损失(双侧风险)。狭义的市场风险是指金融机构在金融市场的交易头寸由于市场价格因素的不利变动而可能遭受的损失(单侧风险)。

4. 流动性风险(liquidity risk)

流动性风险主要是指经济主体由于金融资产流动性的不确定性而遭受经济损失的可能性。在商业银行系统内,流动性风险是指商业银行无力为负债的减少或资产的增加提供融资而造成损失或破产的可能性。流动性风险一般可以分为资产流动性风险与融资流动性风险。

5. 法律风险(legal risk)

法律风险是指交易对手不具备法律或监管部门授予的交易权力或者违反国家有关法规(如市场操纵、内幕交易)导致损失的不确定性。法律和监管方面的变化可能对市场主体产生重大影响。

6. 国家风险(country risk)

国家风险是指外国政府行为导致经济主体发生损失的不确定性。与其他金融风险相比,国家风险有以下特点。

(1) 国家风险通常发生在跨国境的金融活动或投资经营活动中,在本国范围内发生的活动则不存在国家风险。

(2) 在跨国境的往来中,不论对方是政府、企业还是个人,经济主体都可能遭遇国家风险所带来的损失。

(二) 按照金融风险能否分散分类

1. 系统性风险(systematic risk)

系统性风险是指由那些影响整个金融市场的风险因素所引起的风险,这类风险无法通过资产组合分散。这些风险因素包括经济周期、国家宏观经济政策变动等。

2. 非系统性风险(unsystematic risk)

非系统性风险是指与特定公司或特定行业相关的风险,这类风险可以通过资产组合分散。

（三）按照金融风险的层次分类

1. 微观金融风险

微观金融风险是指金融体系中的微观金融主体在参与金融活动的过程中，由于各种不确定性因素的影响而遭受损失的可能性。

2. 宏观金融风险

宏观金融风险是指对一个国家的金融体系造成整体性、普遍性和大面积影响的风险。这类风险会导致金融体系的功能丧失或紊乱，严重时可能导致金融危机。

☞ **知识拓展**

微观金融风险和宏观金融风险的联系与区别

1. 二者之间的联系

宏观金融风险可从微观金融风险转化而来：众多金融机构遭遇大规模损失到达破产边缘，以至整个金融体系都面临崩溃的风险；由重要金融机构破产所引发的“多米诺骨牌”现象。

2. 二者之间的区别

微观金融风险的承担主体主要是金融机构和个体投资者，而宏观金融风险的承担主体是国家或社会大众；微观金融风险属于个体风险，而宏观金融风险则属于公共风险，其风险后果往往具有普遍性、连带性和外溢性，最终会对整个经济和金融体系产生冲击。

第三节　金融风险识别

一、金融风险管理框架

金融风险管理框架是金融机构为确保金融稳定和投资者利益而构建的一套系统化、科学化的管理方法，旨在帮助金融机构有效降低金融风险，提高稳定性和可持续性。随着大数据技术的发展和应用，金融机构可以更有效地识别和管理金融风险。大数据技术可以帮助金融机构从多个来源收集和处理大量的数据，提高数据质量和完整性。同时，通过借助机器学习和深度学习算法对数据进行分析，金融机构可以更准确地预测和评估风险，实现风险管理和控制的自动化和智能化。

综上所述，金融风险管理框架是一个复杂的系统，涉及风险的识别、评估、控制、监测等多个环节。金融机构需要建立科学的风险管理组织架构，采取有效的风险管理措施，并充分利用大数据技术等先进手段，来确保金融稳定和投资者的利益。

二、金融风险管理的基本流程

金融风险管理的基本流程包括以下几个环节。

1. 金融风险的识别

金融风险的识别是指在风险事故发生之前，金融机构采用一定的方法和流程，对各种潜在风险的性质及其原因和影响等进行分析和鉴别的过程，主要包括识别风险来源、辨别风险因子、分析风险效应。

2. 金融风险的度量与监测

金融风险的度量与监测是指在金融风险识别的基础上，进一步对相关风险事件所可能导致的损失概率、程度及范围进行量化分析，这是金融风险管理的核心环节。

3. 金融风险的评估与控制

(1) 金融风险的评估与限额管理是金融机构风险管理的核心组成部分，旨在识别、量化和控制风险敞口，确保金融机构在风险可控的前提下实现稳健经营。金融风险评估是指通过系统化方法识别、量化潜在风险，判断其对金融机构财务和运营的影响。金融风险限额管理是指根据金融风险评估结果，设定各类风险的最高容忍边界，并动态监控执行。

(2) 金融风险的控制与缓释是金融风险管理的关键环节，旨在通过主动干预和结构性措施降低金融风险发生的概率或减少其负面影响。金融风险控制的目标是通过制度、流程和技术手段，提前预防或限制风险暴露。金融风险缓释的目标是通过合约安排或外部工具转移、分散风险损失。

4. 金融风险的报告与监控

金融风险的报告与监控的内容主要包括以下几个方面。

(1) 潜在风险及其在产品、客户、行业、区域等不同维度的分布。

(2) 使用的风险计量模型与方法。

(3) 资本的流动性与风险承担能力。

(4) 风险偏好、风险限额及风险管理策略的执行情况。

(5) 完备的信息科技系统与数据质量控制机制。

三、金融风险管理的识别方法

金融风险管理的识别方法多种多样，旨在帮助金融机构和个人有效识别与评估潜在的金融风险。以下是几种主要的识别方法。

1. 历史数据分析法

该方法通过对过去的财务报告、交易记录及市场数据进行深入分析，以识别潜在的金融风险。这种方法依赖历史数据的可靠性和完整性。金融机构可以利用历史数据来识别市场趋势、违约率等关键指标，并据此制定风险管理策略。

2. 应用模型法

该方法使用数学模型和统计方法对金融风险进行概率评估和量化分析。这些模型可以基于大量数据和市场动态来预测未来的风险情况。

常用模型包括在险价值(Value-at-Risk,VaR)模型、蒙特卡罗模拟模型等。这些模型能够评估在一定置信水平和时间范围内,资产组合可能遭受的最大损失。

3. 核查法

该方法通过检查文件、会计记录等证据,将风险事件与其他事件进行比对,从而识别潜在的金融风险。这种方法强调对细节的审查和验证。金融机构可以定期或不定期地对内部业务流程、交易记录等进行核查,以确保数据的准确性和合规性,并及时发现潜在的风险点。

4. 情景模拟法

该方法基于模拟实验的方法,通过构建不同的市场环境和业务场景,分析这些场景下的风险情况,以评估金融机构在不同条件下的风险承受能力。情景模拟法可以帮助金融机构预测极端市场条件下的风险表现,并制定相应的应对措施。

5. 压力测试

该方法通过模拟极端市场条件或突发事件,评估金融机构在这些条件下的风险表现。这种方法可以揭示金融机构在极端环境下的潜在弱点。压力测试是金融风险管理中的重要工具之一,可以帮助金融机构评估其风险管理体系的有效性和稳健性。

6. 定量分析与定性分析相结合

在金融风险识别过程中,往往需要将定量分析与定性分析相结合。定量分析通过数据和模型来量化风险,而定性分析则侧重于对风险因素的性质、成因和影响进行主观判断。通过综合运用这两种方法,金融机构可以更全面地识别和评估潜在的金融风险。

7. 行业信息分析

行业信息分析是指时刻关注金融市场动态、行业发展趋势和政策法规变化,借助这些信息对当前及未来可能出现的金融风险进行判断。通过对行业信息的深入分析,金融机构可以及时发现行业内的风险点,并制定相应的风险管理策略。

综上所述,金融风险管理的识别方法多种多样,金融机构应根据自身业务特点和风险状况选择合适的方法进行识别和分析。同时,随着金融市场的不断发展和变化,金融机构还需要不断更新与完善其风险管理体系和方法以适应新的挑战。

本章习题

一、单项选择题

1. 风险是指某种事件发生的(　　)。

A. 确定性　　B. 不确定性　　C. 概率　　D. 可能性

2. 风险的存在具有(　　)。

A. 客观性和普遍性　　B. 客观性和可变性

C. 必然性和普遍性　　D. 客观性和必然性

3. 风险事故发生的潜在原因是(　　)。

A. 风险　　B. 风险因素　　C. 损失　　D. 危机

4. 股市波动的风险属于(　　)。

A. 自然风险　　B. 投机风险　　C. 社会风险　　D. 纯粹风险

5. 金融机构面临的违约风险、结算风险属于(　　)。

A. 信用风险　　B. 市场风险　　C. 流动性风险　　D. 操作风险

6. 当信用评级机构将某家受金融危机影响的 AA 级企业改评为 A 级,表明与该企业有信贷业务往来的金融机构所面临的(　　)增加。

A. 信用风险　　B. 市场风险　　C. 流动性风险　　D. 法律风险

7. (　　)是指金融机构在金融市场的交易头寸由于市场价格因素的不利变动而可能遭受的损失。

A. 信用风险　　B. 法律风险　　C. 操作风险　　D. 市场风险

8. (　　)主要是指经济主体由于金融资产流动性的不确定性而遭受经济损失的可能性。

A. 交易风险　　B. 流动性风险　　C. 操作风险　　D. 折算风险

9. 金融风险形成的原因有多种,由于其相互交替、相互连接,极容易快速波及而放大。形成金融风险的原因是(　　)。

A. 杠杆问题　　B. 传染性问题

C. 信息不对称　　D. 动态适度监管问题

10. 合理的风险管理流程应该是(　　)。

A. 风险识别→风险控制→风险监测→风险计量

B. 风险控制→风险识别→风险监测→风险计量

C. 风险监测→风险控制→风险识别→风险计量

D. 风险识别→风险度量→风险评估→风险监控

二、多项选择题

1. 下列有关风险的陈述正确的有(　　　)。

A. 风险是指某种损失发生的可能性

B. 风险的存在与客观环境及一定的时空条件有关

C. 风险是风险因素、风险事故与损失的统一体

D. 风险是不可以转移的

2. 下列选项属于风险的特征的有(　　　)。

A. 普遍性　　B. 客观性　　C. 可测性　　D. 发展性

3. 风险的构成要素包括(　　　)。

A. 风险因素　　B. 风险事故　　C. 损失　　D. 计量

4. 金融风险具有(　　　)的特点。

A. 普遍性　　B. 确定性　　C. 主观性

D. 隐蔽性　　E. 扩散性

5. 操作风险具有(　　　)的特征。

A. 人为性　　B. 多样性　　C. 内生性

D. 非对称性　　E. 关联性

6. 根据产生国家风险的因素，国家风险可以细分为(　　　　)等类别。

A. 政治风险　　B. 经济风险　　C. 声誉风险

D. 法律风险　　E. 社会风险

7. 金融风险对微观经济的影响包括(　　　　)。

A. 给经济主体带来直接的经济损失　　B. 引起金融市场秩序混乱

C. 给经济主体带来潜在的经济损失　　D. 增加了经营管理成本

E. 降低了资金利用率

8. 下列关于信用风险的说法，正确的有(　　　　)。

A. 信用风险具有非系统性风险的特征

B. 与操作风险相比，信用风险可以不予考虑

C. 对大多数金融机构而言，信贷业务是最主要的信用风险来源

D. 信用风险又被称为“违约风险”

9. 利率变动反映的是金融市场上的资金供求关系，而这种供求关系又取决于(　　　　)等。

A. 货币供应量　　B. 货币政策　　C. 财政政策

D. 汇率制度　　E. 通货膨胀率

10. 金融风险成因大致有(　　　　)等。

A. 杠杆率问题　　B. 传染性问题　　C. 金融资产价格波动

D. 汇率制度　　E. 信息不对称

三、判断题

1. 市场风险是历史最为悠久的风险，与金融业并生并存。(　　)

2. 由于市场风险主要来源于参与的市场和经济体系所具有的明显的系统性风险，所以市场风险很难通过分散化的方式来完全消除。(　　)

3. 一般而言，金融机构规模越大，抵御风险的能力就越强，其面临声誉风险威胁的程度就越低。(　　)

4. 根据金融市场的实践来分析不需要对金融风险进行管理。(　　)

5. 金融机构面临的整体风险一定大于其单个风险的总和。(　　)

6. 随着金融风险识别活动的进行，辨别的边际成本会越来越大，而边际收益会越来越小，因而需要权衡成本和收益。(　　)

7. 固定利率存款业务可能因为市场利率下降所以金融机构融资成本高于以市场利率重新融资的成本，从而带来国家风险。(　　)

8. 对于存款类金融机构而言，固定利率存款会面临市场利率下降的风险，浮动利率存款会面临市场利率上升的风险。(　　)

9. 一个金融风险主体可以同时面临多种金融风险，但一种金融风险只可能有一个诱因。(　　)

10. 流程图法是指按照业务活动的内在逻辑关系，把整个业务活动的过程绘制为流程图，以此来识别金融风险。(　　)

四、简答题

1. 阐述风险的含义与特征。
2. 简述金融风险管理的程序。
3. 简述金融风险的含义与特征。
4. 按照风险来源和表现形式的不同来划分,金融风险有哪些种类?
5. 金融风险管理的识别方法有哪些?
6. 简述发生在你身边的金融风险事件。结合本章的学习,谈谈该事件对经济的影响以及你的感受。

五、案例分析题

2008 年 1 月 24 日,法国第二大银行兴业银行披露,由于旗下一名交易员私下越权投资金融衍生品,该行因此蒙受了 49 亿欧元(约合 71.6 亿美元)的巨额亏损。这也是有史以来涉及金额最大的交易员欺诈事件。

该行一名高级官员透露,这桩欺诈案的制造者是一名期货交易员,并且是"只身犯案"。2007 年至 2008 年,这名交易员利用银行漏洞买卖期货,并凭借其对银行保密系统的了解成功地掩盖了欺诈行径。当总行发现这起欺诈案时,损失已达天文数字。

2008 年 7 月 4 日,法国银行监管机构——法国银行委员会对兴业银行开出 400 万欧元罚单,原因是兴业银行内部监控机制"严重缺失",导致巨额欺诈案的发生。

法国银行委员会指出,兴业银行内部监控机制严重缺失,使得金融交易漏洞在各个级别缺乏监控的情况下,在较长时期内难以被察觉并得到纠正,因而存在较大可能发生欺诈案并带来严重后果。

分析上述材料,试论述案例中法国兴业银行巨亏事件给予我们的启示。

第二章

金融合规管理

学习目标

知识目标

● 了解合规管理与金融合规管理的含义、金融合规的法律法规框架与要求、金融合规管理的基本原则与未来发展趋势。

● 知晓金融合规管理体系的含义、构建的重要环节与实施步骤。

● 理解金融合规文化的含义、加强建设的意义与基本思路。

能力目标

● 能正确认识和分析金融合规文化的金融现象。

● 能够应用所学金融合规基本理论学习相关的规章制度。

思政目标

● 培养法治意识，守住不发生金融违规的底线。

● 提升金融合规专业素养，开拓国际视野，坚守金融道德合规底线。

学习重点

● 合规管理与金融合规的含义与要求。

● 金融合规管理的基本原则与未来发展趋势。

● 金融合规管理体系的含义、构建的重要环节与实施步骤。

● 金融合规文化的含义、加强建设的意义与基本思路。

内容结构

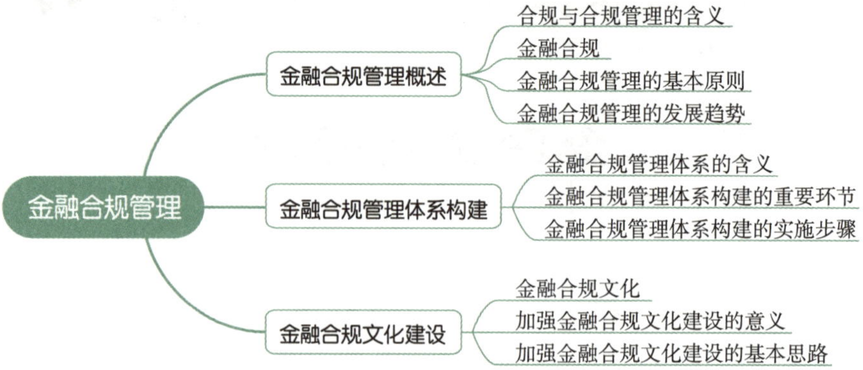

第一节　金融合规管理概述

引导案例

根据《中华人民共和国反垄断法》第四十七条、第四十九条规定，综合考虑阿里巴巴集团违法行为的性质、程度和持续时间等因素，2021 年 4 月 10 日，国家市场监督管理总局依法作出行政处罚决定，责令阿里巴巴集团停止违法行为，并处以其 2019 年中国境内销售额 4 557.12 亿元 4%的罚款，计 182.28 亿元。阿里巴巴表示："今天，我们收到《国家市场监督管理总局行政处罚决定书》，对此处罚，我们诚恳接受，坚决服从。我们将强化依法经营，进一步加强合规体系建设，立足创新发展，更好履行社会责任。"

资料来源：资本市场部.国内最大罚单！阿里因垄断被罚 182 亿[EB/OL].(2021-04-10)[2024-12-18].https://guba.sina.com.cn/?bid=13015&s=thread&tid=15100.(有改动)

案例讨论

阿里巴巴出现了怎样的违规事件？请简单分析一下产生原因。

案例讨论参考答案

上述案例告诉我们，生产经营活动必须符合法律法规，但有的企业为了自身利益采取违规经营时就会产生违法行为。那么，什么是合规与合规管理呢？

一、合规与合规管理的含义

合规是指单位及其工作人员的经营管理和执业行为符合法律、行政法规、规章及其他规范性文件、行业规范和自律规则、公司内部规章制度，以及社会公认并普遍遵守的职业道德和行为准则。

合规管理是指企业建立合规组织架构、制定和执行合规制度、培育合规文化、防范和应对合规风险的行为。

合规管理对于金融行业的正常运转至关重要。合规管理的首要目标是维护金融市场的公平、公正和透明,保护投资者的利益,防范非法和欺诈行为。同时,合规管理还有助于稳定金融体系,预防系统性风险的发生。如果金融机构或个人违反合规要求,其将面临严重的法律和道德责任,甚至可能导致经济危机的爆发。

金融行业面临着众多潜在风险,如市场风险、信用风险、操作风险等。合规管理是银行、证券公司、保险公司等金融机构保持稳健运营的关键。通过合规管理,金融机构能够识别可能的风险因素,评估其对相关机构的影响,并制定相应的风险控制策略。合规管理的终极目标是最大限度地保护金融机构的利益,确保其在风险环境中能够持续发展。

☞ **知识拓展**

合规管理、内部控制和风险管理三者的关系

一是三者使命一致,都是为了防范和控制企业风险,从而合理保障目标实现。

二是三者管理目标各有侧重,层层递进。第一个层次是合规目标,即"不做错事",通过合规管理来实现;第二个层次是效率效果目标,即"正确地做事",主要通过内部控制来规范企业运行;第三个层次是战略目标,即"做正确的事",通过风险管理来实现。

三是三者都管控风险,但范围在延伸。合规管理、内部控制和风险管理的范围从合规风险,到操作风险、运营风险,再到财务风险、市场风险、战略风险,逐步扩大。

四是三者手段、路径不同,但互为补充。合规管理、内部控制和风险管理从不同的视角、不同的维度防范化解风险、查错防弊,构成企业风险管理的立体防线。

总体而言,三者相互牵引、相互补充、相互促进,共同为企业的健康、持续发展保驾护航。

二、金融合规

随着金融市场的不断发展和金融创新的不断涌现,金融机构面临的合规风险日益复杂和多变。因此,建立有效的合规管理机制,对于保障金融机构的稳健运营具有重要意义。金融合规是保障金融市场健康、稳定发展的重要基础,也是金融机构防范风险、提升声誉和竞争力的关键所在。

(一)金融合规的定义

金融合规是指金融机构在业务经营过程中,遵守国家法律法规、监管规定、行业准则及内部规章制度的行为。

(二)金融合规的法律法规框架

金融合规的法律法规框架是确保金融机构及其业务活动遵循法律、监管要求和行业准则的核心体系。这一框架通常涵盖国际、国家和地区层面的法律法规,涉及反洗钱、反恐融资、数据隐私、消费者保护、资本充足率、市场行为规范等多个领域。

(1) 国际准则、国家法律,包括《巴塞尔协议》《中华人民共和国银行业监督管理法》《中华人民共和国证券法》《中华人民共和国保险法》等。

(2) 监管规定,包括国家金融监督管理总局(简称"金融监管总局")、中国证券监督管理委员会(简称"证监会")等监管机构发布的各类监管规定和指导意见。

(3) 行业准则,包括行业协会、自律组织等制定的行业标准和行为规范。

☞ **知识拓展**

《巴塞尔协议》是巴塞尔委员会制定的在全球范围内主要的银行资本和风险监管标准。巴塞尔委员会由来自多个国家的银行监管当局组成,是国际清算银行的四个常务委员会之一。由巴塞尔委员会公布的准则规定的资本要求被称为"以风险为基础的资本要求"。1988 年 7 月,巴塞尔委员会颁布第一个准则文件——《1988 资本一致方针》,又称《巴塞尔协议》,主要目的是建立防止信用风险的最低资本要求。1996 年,巴塞尔委员会对《巴塞尔协议》进行了修正,扩大了范围,涵盖了基于市场风险的以风险为基础的资本要求。1998 年,巴塞尔委员会讨论了操作风险作为潜在金融风险的重要性,并在 2001 年公布了许多准则和报告来解决操作风险。2004 年 6 月,巴塞尔委员会颁布新的资本要求准则——《统一资本计量和资本标准的国际协议:修订框架》(《巴塞尔新资本协议》),目的是通过引入与银行所面临风险更加一致的以风险为基础的资本要求,来对《巴塞尔协议》进行改进。《巴塞尔协议》鼓励银行不仅要识别当前的风险,更要识别将来的风险,并且通过改进现有的风险管理体系来管理这些风险,即《巴塞尔协议》力求建立一个具有较强前瞻性的资本监管方法。《巴塞尔协议》的三个支柱包括最低风险资本要求、资本充足率监管和内部评估过程的市场监管。

(三) 金融合规的核心原则

金融合规的核心原则是金融机构在设计、实施和评估金融合规管理体系时必须遵循的基本准则,旨在确保业务活动符合法律、监管要求和道德规范。金融合规的核心原则一般包括以下四个方面。

1. 依法合规原则

金融机构必须严格遵守国家法律法规和监管规定,确保业务经营合法合规。

2. 审慎经营原则

金融机构应审慎开展业务,充分评估风险,确保风险可控。

3. 公平交易原则

金融机构应保障客户的合法权益,遵循公平、公正、公开的交易原则。

4. 信息披露原则

金融机构应充分披露重要信息,保障客户的知情权和选择权。

三、金融合规管理的基本原则

1. 合法合规原则

所有企业都必须遵守当地和全球的法律法规，遵守法律法规可以让企业避免因违规行为而面临的罚款、法律诉讼、企业声誉受损等风险。同时，企业应该建立金融合规管理团队或部门以协助管理人员更好地理解法律法规，并制定相应的政策，以确保企业遵守法律法规。

2. 风险识别原则

风险识别是金融合规管理的第一步。识别风险需要对企业的所有业务保持全面的了解，以确定哪些活动涉及合规风险。为识别风险，企业应建立独立的金融合规管理团队或部门。在许多情况下，企业必须咨询金融合规管理专家，以确保所有观点被考虑并加以处理。一旦有了合规风险的清单，企业就可以采取措施逐一应对。

3. 风险评估原则

在确定风险后，必须对其进行评估。在风险评估过程中，企业需要确定每项风险的权重和优先级，以便确定采取何种措施来应对每一项风险。评估内容应包括一些参数，如影响程度、概率和可能的后果。虽然某些风险的影响可能很小，但如果发生的概率很高，则该风险仍必须得到关注。

4. 风险监测原则

在实施风险评估后，企业必须定期监测风险的发展情况，并及时调整和改进自己的方法。风险监测可帮助企业持续优化其金融合规管理体系，以保障风险持续被识别和评估，进而得以降低或消除。

5. 持续改进原则

持续改进是金融合规管理的一个不可或缺的部分，可以帮助企业不断地提高其合规性和风险管理能力。持续改进意味着企业需要不断审视其金融合规管理体系，并识别其中的缺陷和不足之处，以及未来改进机会，以确保其金融合规管理的有效性。

6. 全面执法原则

在金融合规管理的实践中，企业不仅需要履行自己的合规义务，还需要与相关监管机构（如税务机关、证券监管机构、行业监管部门）进行合作。在与监管机构合作时，企业需要积极与其沟通，了解与其监管行为有关的最新政策和法律规定，合理反映企业的合规情况，积极参与公共事务。同时，企业还应建立与各个监管机构的合作机制，共同制定最佳方案来应对风险和问题。

【案例 2-1-1】 2015 年 12 月 31 日 14 时 50 分，为执行本部门“卖出做市股票、减少做市业务当年浮盈”的交易策略，国泰君安证券股份有限公司（简称“国泰君安”）做市业务部对圆融科技、凌志软件等 16 只股票以明显低于最近成交价的价格进行卖出申报，造成上述股票尾盘价格大幅波动。其中，有 13 只股票当日收盘价跌幅超过 10%，跌幅最大的达 19.93%。

全国中小企业股份转让系统（简称“股转系统”）表示，上述行为严重影响了多只股票的正常转让价格，扰乱了正常市场秩序，市场影响恶劣。王仕宏作为国泰君安做市业务部负责人，是该公司做市业务的直接主管人员，同时具有向他人透露做市交易策略的行为，对上述违规行为负有主要责任。陈扬作为国泰君安场外市场部总经理，召集了讨论决定交易策略的部门会议，负有领导责任。李仲凯作为国泰君安做市业务部交易总监，直接指示交易员执行了当日的交易行为，负有直接责任。鉴于上述违规事实，股转系统给予国泰君安公开谴责，给予王仕宏公开谴责，给予陈扬、李仲凯通报批评的处分并将该处分同时记入诚信档案。

资料来源：魏蔚.国泰君安被处罚[EB/OL].(2016-02-18)[2024-12-20].https://china.huanqiu.com/article/9CaKrnJTVOD.（有改动）

案例讨论

（1）本案例中国泰君安的主要违规行为有哪些？

（2）结合你的理解，谈一谈如何消除这些违规行为。

案例讨论参考答案

四、金融合规管理的发展趋势

1. 监管科技的应用

随着大数据、人工智能等技术的不断发展，监管科技将在金融合规与合规管理中发挥越来越重要的作用。未来，金融机构可以利用这些先进技术提高风险识别、评估、监控的准确性和效率。

2. 国际合作与交流

在全球化的背景下，各国金融机构之间的合作与交流将更加紧密。通过分享经验、共同应对挑战，各国可以共同提升金融合规与合规管理水平，维护全球金融稳定。

3. 金融机构自律机制的完善

金融机构应不断完善自律机制，加强内部管理和自我约束。通过建立完善的内部控制体系、加强员工培训和教育等措施，金融机构可以进一步提高金融合规与合规管理水平，降低违规风险。

第二节 金融合规管理体系构建

引导案例

卢森堡金融监管委员会（CSSF）负责监管本国的金融服务业。2004 年 9 月 27 日，CSSF

发布了关于在银行和投资公司设立合规部门的详细指引，2006 年 1 月 1 日之后，卢森堡所有银行和投资公司必须设立合规部门。引入合规部门并不是再增加一个监管层次，而是为了确保内部控制具有恰当的协调组织和结构。根据通知，董事会必须对合规采取积极的态度，确保合规部门的有效性，核准管理层提出的合规政策和合规章程。合规政策必须涵盖合规风险的基本面，明确合规管理的总体原则，界定合规部门及其目标和独立性，规定合规章程的制定程序及培训计划。合规章程规范合规部门的目标和职责，必须包括合规部门的目标、职责、独立性和持久性，与其他部门的关系，获得所有必需信息的权利，报告路线和与管理层沟通的权利。管理层负责制定和实施合规政策，根据相关原则设立合规部门，并且必须任命管理层中的一员直接负责合规部门，该负责人必须报告给 CSSF。原则上合规部门负责人必须专职负责合规部门。从事低风险业务且规模较小的金融机构的合规部门职员允许兼任，但事先要经 CSSF 授权。

案例讨论

（1）本案例中出现的卢森堡金融监管委员会是什么机构？

（2）在本案例中，卢森堡金融监管委员会对卢森堡所有银行和投资公司提出了什么要求？

案例讨论参考答案

上述案例告诉我们，金融合规管理体系是金融机构的基石，对于维护金融市场的稳定至关重要。通过加强金融合规管理体系建设，金融机构可以优化内部管理流程，提高运营效率，从而提升市场竞争力，降低企业经营风险。

一、金融合规管理体系的含义

随着金融市场的不断发展和监管要求的日益严格，金融合规管理体系的建设变得愈发重要。一个完善的金融合规管理体系不仅能够帮助金融机构遵守相关法规和规章，减少违规风险，还能提升其声誉和竞争力。

金融合规管理体系是指金融机构为遵循法律法规、监管要求、行业规则和内部管理制度，防范金融合规风险而建立的一套系统性的管理框架和运行机制。

金融合规管理体系建设是金融机构的基石，对于维护金融市场的稳定至关重要。金融合规管理体系建设的重要性体现在以下几个方面。

1. 遵守法规和规章

金融合规管理体系确保金融机构合法、合规运营。通过建立明确的内部控制措施和流程，金融机构能够确保员工了解并遵守法规和规章，降低违规风险。

2. 防止违规行为和罚款

一个健全的金融合规管理体系可以帮助金融机构预防和识别潜在的违规行为。通过金融合规管理政策和流程的建立与执行，金融机构能够降低面临罚款和法律诉讼的风险，最大程度地保护自身利益。

3. 提升声誉和竞争力

金融合规管理体系建设有助于金融机构树立良好的企业形象和声誉。合规性认可可以增加客户和投资者的信任，吸引更多业务机会，提高竞争力。

随着金融行业的不断发展,金融业务越来越复杂与多变,违规风险也随之增加,为此加强金融合规管理体系建设就显得非常必要,其必要性体现在以下几个方面。首先,满足金融监管要求。随着金融监管政策的不断收紧和规范化,金融机构必须建立完善的金融合规管理体系,以适应监管要求并避免监管处罚。其次,防范金融风险。在当前金融环境下,各种金融风险不断积聚,加强金融合规管理体系建设有助于金融机构及时发现并处置风险,保障金融安全。最后,提升企业竞争力。通过加强金融合规管理体系建设,金融机构可以优化内部管理流程,提高运营效率,从而提升市场竞争力。

二、金融合规管理体系构建的重要环节

1. 建立健全合规管理制度

建立健全合规管理制度主要包括以下几个方面。

(1) 制定合规管理政策,明确合规管理的目标、原则、组织架构和职责分工。

(2) 完善合规管理制度,确保合规管理制度覆盖各类业务和操作,以保障各项业务活动有章可循。

(3) 根据法律法规和监管要求的变化,及时更新合规管理制度。

2. 加强合规风险识别与评估

合规风险识别与评估主要包括以下环节。

(1) 风险识别:运用各种方法和技术,全面、系统地识别合规风险。

(2) 风险评估:对识别出的合规风险进行定量或定性评估,确定风险等级和影响程度。

(3) 风险报告:定期向高层管理人员和监管部门报告合规风险情况。

3. 完善合规管理流程

首先,要进行合规审查,特别是对新产品、新业务进行合规审查,确保其符合法律法规和监管要求;其次,强化合规检查,定期对业务操作进行合规检查,发现问题及时整改;最后,做好合规处置,对违反合规管理制度的行为进行严肃处理,追究相关人员的责任。

4. 加强合规培训与文化建设

合规培训与文化建设作为合规管理体系建设的一环,必须纳入常规化合规管理工作。首先,定期开展合规培训,提高员工的合规意识和操作技能;其次,通过内部刊物、宣传栏等多种形式,宣传合规理念和制度;最后,强化金融合规文化建设,将金融合规文化建设融入企业文化建设,营造“人人合规、事事合规”的良好氛围。

三、金融合规管理体系构建的实施步骤

1. 制定金融合规管理体系建设计划

(1) 结合实际情况制定明确的金融合规管理体系建设目标,这些目标包括提高合规管理水平、降低合规风险、增强内部控制等。

(2) 用调研与收集资料等方式来分析现状,对金融机构现有的合规管理制度、流程、人员配置等进行全面分析,找出存在的问题和不足。

(3) 根据分析结果,制定详细的金融合规管理体系建设计划,包括时间进度、资源投入、

关键任务等。

2. 梳理现有合规管理制度和流程

(1) 收集并整理金融机构现有的所有与合规相关的制度文件，包括政策、规定、操作手册等。

(2) 对整理出的制度文件进行评估，分析其是否符合法律法规要求、是否适应业务发展需要、是否存在漏洞或不足等。

(3) 对金融机构的业务流程进行全面梳理，找出与合规相关的关键流程节点，并分析其合规性和风险点。

3. 设计金融合规管理体系框架

(1) 根据金融机构的实际与业务流程要求，设计合理的合规管理组织架构，明确各级合规管理部门的职责和权限，确保合规管理工作的有效开展。

(2) 根据法律法规要求和金融机构的实际情况，制定完善的合规管理制度，包括合规审查、合规检查、合规报告等。

(3) 设计科学的合规管理流程，包括风险识别、评估、监控和报告等环节，确保合规管理工作的有序进行。

4. 实施金融合规管理体系建设计划

(1) 按照计划实施，逐步推进金融合规管理体系建设工作，确保各项任务按时完成。

(2) 对金融机构的员工进行合规意识和技能的培训，提高员工的合规意识和能力。

(3) 建立有效的监督机制，对金融合规管理体系的建设和实施情况进行定期检查和评估，确保合规管理工作的有效运行和持续改进。

第三节　金融合规文化建设

引导案例

2003 年 10 月，巴塞尔银行监管委员会出台了《银行内部合规部门》咨询文件，该咨询文件成为法国等一些国家监管机构和银行规范合规风险管理的指导性文件。事隔不到两年，委员会又在咨询文件的基础上，于 2005 年 4 月 29 日出台了《合规与银行内部合规部门》高级文件，指导银行业机构设立合规部门和专职合规岗位，支持和协助高级管理层有效管理银行的合规风险。

在《合规与银行内部合规部门》高级文件中，巴塞尔银行监管委员会明确指出：

(1) 合规应从高层做起，成为银行文化的一部分。当企业文化强调诚信与正直的道德行为准则，并由董事会和高级管理层作出表率时，合规才最为有效。

(2) 合规并不只是专业合规人员的责任，合规是银行内部一项核心的风险管理活动，与银行内部的每一名员工都相关，合规应被视为银行经营活动的组成部分。

(3) 合规法律、规则和准则有多种渊源，包括立法机构和监管机构的基本的法律、规则和准则，市场惯例，行业协会制定的行业规则和适用于银行职员的内部行为准则，以及更广义的道德行为准则等。

(4) 银行在开展业务时应坚持高标准，并始终力求遵循法律的规定与精神。如果疏于考虑经营行为对其股东、客户、雇员和市场的影响，银行即使没有违反任何法律，也可能导致严重的负面影响和声誉损失。

(5) 银行应明确董事会和高级管理层在合规方面的特定职责，以及合规部门的地位、职责和工作程序，确保合规部门的独立性，并给予其足够的资源支持。合规部门工作应受到内部审计部门定期和独立的复查。

案例讨论

(1) 本案例重点阐述了什么内容？

(2) 结合案例谈谈金融合规文化建设的重要性。

案例讨论参考答案

上述案例告诉我们，金融合规文化建设必须按照一定的原则与标准来开展，只有营造良好的合规文化氛围，才能保证金融企业合法合规经营。那么，什么是金融合规文化建设呢？

金融合规文化建设是金融合规风险管理的一部分，同时也是企业文化建设的一部分。如果仅将金融合规风险管理视为企业文化建设的范畴，那么金融合规风险管理将停滞在意识领域，不利于金融行业的风险防范。如果金融业上下都严格遵守高标准的道德行为准则，那么该金融风险合规管理是最为有效的。合规部门应协同管理部门，以职业操守为基础，建设蓬勃向上、富有活力的合规文化，从而营造高效的公司治理环境。这就要求金融行业必须改变粗放式管理的套路，建立一整套有效管理各类风险的职业行为规范和方法。金融行业内部也应形成浓厚的合规文化，做到人人合规，进而逐步形成全新的中国金融业经营管理的合规文化。

党的十八大以来，以习近平同志为核心的党中央积极探索新时代金融发展规律，不断加深对中国特色社会主义金融本质的认识，不断推进金融实践创新、理论创新、制度创新，积累了宝贵经验，逐步走出一条中国特色金融发展之路。习近平总书记鲜明提出“积极培育中国特色金融文化”，为我国金融系统传承和弘扬中华优秀传统文化提供了根本遵循，为提升金融软实力、建设金融强国指明了方向。

文化建设是金融市场健康发展的支柱，也是金融行业的软实力和核心竞争力。以证券行业为例，监管部门和自律组织持续推动证券行业以文化建设引领高质量发展。从 2019 年证券基金行业文化建设动员大会召开到 2021 年发布《证券行业文化建设十要素》，再到 2023 年发布《树立证券行业荣辱观的倡议书》，一件件大事构成了证券行业文化建设的一个个生动注脚。“合规、诚信、专业、稳健”的证券行业文化理念八字方针首推“合规”，证券行业荣辱观“十大坚持”中的第一项坚持就是“守法合规”，“合规”二字可谓力重千钧。从资本市场的属性来看，资本市场是规则导向的市场，合规经营是证券行业生存发展不可逾越的底线、业务经营不可踩踏的红线、高质量发展不可不守的生命线。

一、金融合规文化

（一）金融合规文化的含义

金融合规文化是企业文化的有机组成部分，是指导企业行为和员工行为的哲学，以风险控制为指导思想，依靠先进的管理手段实现有效的组织形式，确保各项活动合乎内外部规定的行为准则，旨在最大限度地防范经营风险，提高综合竞争能力。

先进的金融合规文化理念具有强烈的价值导向引领性，它不仅决定着合规文化的发展趋势，而且也是合规文化建设的最终目标。

金融合规文化是指在金融业的经营与管理中必须遵守一切具有效力的法律、规章和制度的规定，不仅包括法律、行政法规、部门规章，还包括监管机构发布的相关指引和其他规范性文件、市场交易规则、自律组织制定的相关标准和刚性要求，既涉及具有法律约束力的文件，也涉及更加广义的道德行为准则。这种在经营管理和业务操作中遵守规制的意识和价值取向统称为"金融合规文化"，包括合规理念、合规风险、合规管理、合规机制、合规价值、合规创新等，是企业文化的重要组成部分。

（二）金融合规文化的特点

1. "规"的合格性

金融合规首先要保证所制定的"规"的合格性，即规范范围中的法律、法规、政策、规章、自律规范及内部规章制度等应与国家法律规定相一致。同时，这些规范还要契合金融业务特点，在保证金融业务健康发展的同时，又不会限制金融的经营创新与突破。

2. "规"的持续性

金融合规不是墨守成规、因循守旧，金融合规文化的内容也不是一成不变的。

3. "规"的系统性

金融合规文化作为企业文化的组成部分，其建设具有系统性，即企业在制定、设计金融合规制度体系时，须全面考虑金融合规文化内涵的各个层面。

4. "规"的高度认可性

金融机构所有人员要从内心真正认同金融机构内外的法律、法规、制度、办法，这是金融合规文化的核心。

二、加强金融合规文化建设的意义

（1）加强金融合规文化建设是风险管理的必然要求。金融合规文化是一面抵挡风险、化解危机的盾牌。通过金融合规文化建设，金融企业能够加强凝聚力和向心力，规范操作行为，遏制违法违纪现象的发生，降低经营风险，提高企业竞争力。

（2）加强金融合规文化建设是提高经营管理水平的需要。开展金融合规文化建设活动一方面能够统一高层领导对金融合规文化建设的认识，使之成为企业金融合规文化建设的倡导者、策划者、推动者；另一方面能够使全体员工准确把握金融合规文化建设的科学内涵，自觉地融入到企业金融合规文化建设中去,增强内控管理意识,狠抓基础管理,有效提高制度执行力,实现与外部监管的有效互动,提高经营管理水平。

(3) 加强金融合规文化建设是建立金融企业长效发展机制的需要。金融合规文化建设是一项浩大的系统工程,不是一朝一夕就能完成的,它和建立金融企业的长效发展机制是统一的、相辅相成的。深入开展金融合规文化建设才能确保金融企业长期稳健运行,才能落实科学发展观和履行社会责任。

(4) 加强金融合规文化建设是提高金融企业经济效益的需要。安全就是效益,良好的金融合规文化不仅能够规避潜在的风险,还能够提高金融服务质量,抓住优质客户,为企业降低成本、提高经济效益打下坚实基础。

三、加强金融合规文化建设的基本思路

金融合规文化建设是一个渐进的漫长过程,只有起点,没有终点。它需要经营管理者长期地、持之以恒地倡导和培育。

(1) 以制度建设为切入点,夯实风险防范的内部基础。建立健全合理有效的规章制度是内部风险防范的基础。企业应该重点针对系统管理模式、操作流程及业务创新的变化,及时梳理、修订和完善相关规章制度,确保规章制度能覆盖各项业务控制的关键点和风险点。

(2) 以合规管理为重点,筑牢风险防线。企业要大力培养员工的合规操作意识,规范其日常操作行为。坚决杜绝“以信任代替管理,以习惯代替制度,以情面代替纪律”的不良习惯,形成“指示服从制度、信任不忘制度、习惯让位制度”的金融合规文化,切实把金融合规管理理念渗透到日常业务经营管理和决策的每一环节,使员工形成对违规的高度敏感,使合规意识成为一种自觉和必需的行为准则。

(3) 以内部控制为保证,实行全程风险管控。企业对内部控制工作必须坚持“一把手”负责制,实行“一级管一级,一级对一级负责”的管理方式。管理者应以身作则,坚持带头按章办事。各级管理部门应按照职责分工和制度规定,将内控管理工作常规化,时刻关注工作中每一个重控环节和风险点,把握内控每一环节和细节,并对本岗位、本级部门内控工作的有效性负责,对由违规操作造成的重大损失承担责任。同时,企业应建立起覆盖每个管理人员和普通员工的责任追究体系,强调“合规管理与操作”是每个员工义不容辞的责任。此外,还要将内控管理成效与考评机制相结合,把内控管理成效纳入管理人员考核和离任、责任审计,并与干部使用、薪酬分配相挂钩。

(4) 以“三种教育”为核心,大力培育金融合规文化。强烈的风险意识和良好的合规文化是金融企业依法合规经营的基础。“三种教育”分别是“基础教育”“责任教育”“警示教育”。针对员工突出“基础教育”,主要是入职上岗前合规教育、业务合规管理培训等;对高级管理人员则突出“责任教育”,开展经营管理水平提升和内控合规能力建设培训;同时,通过及时通报系统内外各种违规违纪处罚案件、发布风险提示等方法对全体干部、员工进行“警示教育”,通过开展符合金融特色的活动(如征文、摄影、漫画等)引导员工加深对金融合规文化的认知与理解,提高员工合规意识,让意识变为行为,让行为变为习惯。

(5) 建立有效的金融合规经营激励约束机制。金融合规文化要求,金融行业内部必须具有清晰的责任制、问责制,以及相应的激励约束机制,形成所有员工理所当然要为其从事

的职业和所在岗位的工作负责任的氛围，充分体现金融企业倡导合规和惩处违规的价值观念。一是要建立并落实合规经营的定期评估机制和重大违规行为的报告制度，对重大、突发合规事件应报未报或迟报、谎报、瞒报、漏报的，根据有关情节、不良影响程度等，按照国家有关规定严肃处理。对于责任人主动报告违规行为或减少风险隐患的，可酌情减轻或免除处罚。二是要建立合规问责制，落实合规责任。对合规工作做得好或对举报、抵制违规有贡献者要给予保护、表扬或奖励；加大违规处罚力度，提高违规成本，对存在或隐瞒违规问题、造成资金损失和经济案件的，严格追究各级管理者的责任。三是要建立检查人员的再监督制度，对各级管理人员、合规部门人员、监管人员在日常的合规风险管理工作中该发现的问题未发现、该处罚的未处罚、该提出整改意见未提出的，要追究连带责任，一并予以从严处罚。

学中做，做中学

假如你是某金融企业合规部门的管理者，请你结合实际与金融合规文化建设的基本思路谈谈推进金融合规文化建设的有效途径有哪些。

“学中做，做中学”
参考答案

本章习题

一、单项选择题

1.（　　）是指企业建立合规组织架构、制定和执行合规制度、培育合规文化、防范和应对合规风险的行为。

A. 合规管理　　B. 风险管理　　C. 内部管理　　D. 金融监管

2. 下列选项属于未来金融合规管理的发展趋势的是（　　）。

A. 监管科技的应用　　B. 制度完善与制定

C. 设置监管部门　　D. 明确管理权限

3. 合规管理流程包括进行合规审查、（　　）与合规处置。

A. 合规建议　　B. 合规检查　　C. 合规分工　　D. 合规解读

4. 当前，金融机构普遍存在（　　）的现象。

A. 不了解合规管理　　B. 合规意识不强

C. 严格合规管理　　D. 合规文化紧跟时代步伐

5. 金融企业应形成一种“指示服从制度、（　　）、习惯让位制度”的金融合规文化理念，切实把金融合规管理理念渗透到日常业务经营管理和决策的每一环节，形成对违规的高度敏感，使合规意识成为一种自觉和必需的行为准则。

A. 信任不忘制度　　B. 安全依靠制度

C. 人情大于制度　　D. 事实大于制度

6.（　　）是内部风险防范的基础。

A. 进行有效的风险评估　　B. 健全合规培训计划

C. 完善风险处置办法　　D. 建立健全合理有效的规章制度

7. 金融合规首先要保证所制定的“规”的(　　)。

A. 发展性　　B. 先进性　　C. 创新性　　D. 合格性

8. 先进的合规文化理念具有强烈的(　　)引领性,它不仅决定着合规文化的发展趋势,而且也是合规文化建设的最终目标。

A. 创新导向　　B. 价值导向　　C. 操作导向　　D. 动态导向

9. 合规基础体系是公司合规管理的(　　),包括建立完整、准确的合规监管法规库和完善的内部制度体系。

A. 文化要素　　B. 操作要素　　C. 向导要素　　D. 基础要素

10. 建设企业合规管理体系要以(　　)为基础。

A. 企业章程　　B. 企业内控制度

C. 企业经营理念　　D. 监管法律法规

二、多项选择题

1. 金融行业面临着众多潜在风险,如(　　)等。

A. 市场风险　　B. 信用风险　　C. 操作风险　　D. 自然风险

2. 金融合规是指金融机构在业务经营过程中,遵守(　　)的行为。

A. 国家法律法规　　B. 监管规定　　C. 行业准则　　D. 内部规章制度

3. 金融合规的核心原则包括(　　)。

A. 依法合规原则　　B. 审慎经营原则

C. 公平交易原则　　D. 信息披露原则

4. 金融机构应提高合规风险管理能力,这些能力包括(　　),确保及时发现、有效处置合规风险。

A. 风险识别能力　　B. 风险评估能力　　C. 风险监测能力

D. 风险控制能力　　E. 风险报告能力

5. 金融企业应以“三种教育”为核心,大力培育金融合规文化。“三种教育”为(　　)。

A. “基础教育”　　B. “启发教育”　　C. “责任教育”　　D. “警示教育”

6. 金融合规文化特点包括(　　)等类别。

A. 合格性　　B. 持续性　　C. 系统性　　D. 高度认可性

7. 金融合规文化包括(　　)、合规创新等,是企业文化的重要组成部分。

A. 合规理念　　B. 合规机制　　C. 合规管理　　D. 合规价值

三、判断题

1. 风险识别是合规管理的第一步。(　　)

2. 持续改进是合规管理的一个不可或缺的部分。(　　)

3. 金融机构应建立合规管理机制,明确合规管理的目标、原则、框架和流程,确保合规管理工作的有效开展。(　　)

4. 随着金融业务的不断创新和复杂化,合规管理对专业人才的需求越来越低。(　　)

5. 虽然合规培训与文化建设是合规体系建设的一环,但企业不必将其纳入常规化合规

管理工作。(　　)

6. 加强金融合规文化建设是建立金融企业长效发展机制的需要。(　　)

7. 金融合规文化建设是一项文化建设的细微工程,所以短时间内就能建成。(　　)

8. 金融合规文化作为企业文化的组成部分,其建设具有系统性,即企业在制定、设计金融合规制度体系时,须全面考虑金融合规文化内涵的各个层面。(　　)

9. 金融合规文化是一面抵挡风险、化解危机的盾牌。(　　)

10. 金融合规文化是企业文化的有机组成部分,是指导企业行为和员工行为的哲学。(　　)

四、简答题

1. 金融合规的定义与核心原则是什么?
2. 简述金融合规管理的基本原则。
3. 简述未来金融合规管理的发展趋势。
4. 金融合规管理体系建设的重要性体现在哪些方面?
5. 金融合规管理体系构建的重要环节有哪些?
6. 结合实际说说金融合规管理体系构建的实施步骤。
7. 简述加强金融合规文化建设的重要意义与基本思路。

五、案例分析题

《商业银行资本管理办法》(节选)

(2023 年 10 月 26 日国家金融监督管理总局令 2023 年第 4 号公布　自 2024 年 1 月 1 日起施行)

第二章　资本监管指标计算和监管要求

第三节　资本监管要求

第二十五条　资本充足率监管要求包括最低资本要求、储备资本和逆周期资本要求、系统重要性银行附加资本要求以及第二支柱资本要求。

第二十六条　商业银行各级资本充足率不得低于如下最低要求:

(一) 核心一级资本充足率不得低于 5%。

(二) 一级资本充足率不得低于 6%。

(三) 资本充足率不得低于 8%。

第二十七条　商业银行应在最低资本要求的基础上计提储备资本。储备资本要求为风险加权资产的 2.5%,由核心一级资本来满足。国家金融监督管理总局有权根据宏观经济金融形势、银行业整体风险状况以及单家银行经营管理和风险水平等情况,对储备资本要求进行调整。

商业银行应在最低资本要求和储备资本要求之上计提逆周期资本。逆周期资本的计提与运用规则由中国人民银行会同国家金融监督管理总局另行规定。

…………

第三章　资本定义

第一节　资本构成

第三十一条　商业银行发行的资本工具应符合本办法附件1规定的合格标准。

第三十二条　核心一级资本包括：

(一) 实收资本或普通股。

(二) 资本公积。

(三) 盈余公积。

(四) 一般风险准备。

(五) 未分配利润。

(六) 累计其他综合收益。

(七) 少数股东资本可计入部分。

第三十三条　其他一级资本包括：

(一) 其他一级资本工具及其溢价。

(二) 少数股东资本可计入部分。

试分析我国实施《商业银行资本管理办法》的意义。

第三章

信用风险合规管理

学习目标

知识目标

● 理解信用风险的含义、特征和类型。

● 熟悉信用风险的构成要素。

● 知晓传统的信用风险度量方法和现代信用风险度量方法。

● 熟悉信用风险的合规管理方法。

能力目标

● 通过对信用风险与合规管理理论的学习，能结合实际提升分析基本信用风险的专业能力，培养识别信用风险的专业技能。

思政目标

● 培养风险意识，树立正确的人生观、价值观和世界观，增强对于社会责任和道德规范的认识。

学习重点

● 信用风险的含义、特征和类型。

● 信用风险度量的方法、信用风险合规管理的常见方法。

内容结构

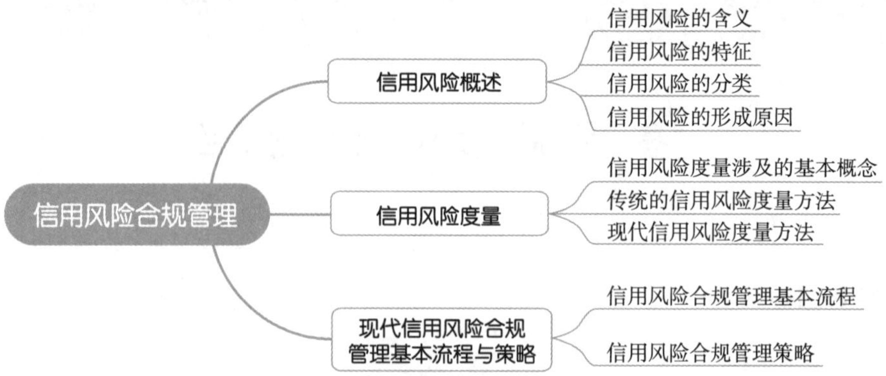

第一节　信用风险概述

引导案例

某日，一名借款人向某银行申请个人贷款。该借款人的资料显示其信用记录良好，且有稳定的工作和收入来源。银行审批部门经过审核后，决定向该借款人发放贷款。然而不久后，该借款人突然失去工作，无法继续偿还贷款，导致银行面临信用风险。

案例讨论

(1) 这个案例展现了信用风险的什么典型特征？

(2) 面对信用风险，金融机构需要采取哪些风险管理措施？

案例讨论参考答案

在面对信用风险时，金融机构需要采取一系列有效的风险管理措施：首先，建立完善的信用评估体系，通过对借款人的信用记录、收入状况、财务状况等进行全面评估，降低信用风险的发生概率；其次，加强对借款人的监控，及时发现并应对潜在的信用风险；最后，建立风险准备金，用以应对信用风险事件的发生，保障资金安全。

一、信用风险的含义

信用风险是指当债务人无法按时或者无法完全履行其已经约定的财务义务时，由此产生的不确定性和可能发生的损失。信用风险包括对投资者、债券持有人等造成的经济损失。在金融领域，信用风险常涉及借款人不履行贷款合同、违约或者无法偿还债务，债券发行方无法按时支付利息或者偿还债券本金等情况，从而导致投资者、债券持有人或金融机构遭受经济损失的可能性。对于金融机构和投资者而言,评估和管理信用风险是至关重要的,可以降低潜在的风险和损失。

二、信用风险的特征

1. 非对称性

信用风险的非对称性是指预期收益和预期损失之间的不对称。一般而言,预期收益和预期损失应该是对等的,并且近似于正态分布。但是信用风险的概率分布并非如此,因为信用风险发生的可能性相对较小,所以在用正态分布曲线进行描述时,预期收益一侧出现偏离,预期损失一侧出现肥尾。也就是说,预期收益和预期损失两者是非对称的,造成信用风险的概率分布偏离。例如,在债券市场上,当债务人不发生债券违约时,债权人的经济损失为零并且获得一定收益;当债务人发生债券违约时,债权人则需要承受经济损失并且损失的最大可能值为债务价值。

2. 累积性

信用风险的累积性有两个方面的含义:积累和传递。在现代信用经济中,随着经济交易跨时间、跨空间、跨主体的延伸和扩展,各信用活动参与者之间紧密相连,如同链条一般环环相扣。任何一个经济主体出现资金问题都会引起信用链的断裂,从而扰乱整条信用链的稳定。如果信用风险没有得到及时疏解而扩散至各相关的经济主体,整个信用市场的稳定就会被扰乱。当信用风险不断累积,并且超过一定的临界点时就会突然爆发,从而引发金融危机,危害国民经济的健康与稳定。

3. 系统性

宏观经济走弱、市场资金面恶化等宏观经济因素也可能导致信用风险。

4. 内源性

造成信用风险的因素不仅包括客观因素,也包括主观因素,例如信用主体本身的财务状况、偿债意愿、信用质量等。

【案例 3-1-1】 银行向一家小型企业发放了一笔贷款。该企业在申请贷款时表现出良好的经营状况和还款能力。然而,在贷款发放后不久,由于各种原因,包括市场变化、企业经营不善等,该企业出现了严重的资金问题,无法按时偿还贷款本息。逾期一段时间后,该企业最终破产清算。

案例讨论

(1) 这个案例展示了信用风险的哪些特点?

(2) 谈谈银行应如何避免信用风险的产生。

案例讨论参考答案

三、信用风险的分类

从信用风险的分类着眼,有助于更好地认识信用风险。信用风险可进行以下分类。

(1) 从组成结构上看,信用风险主要分为两大类,即信用违约风险和信用价差风险。

① 信用违约风险是指交易对手未能按照合同约定履行义务导致另一方遭受损失的可能性。

② 信用价差风险是指信用价差发生不利变动导致持有信用债券的投资者面临资产价值下跌或收益减少的风险。

(2) 从来源上看,信用风险可分为交易对手风险和发行者风险两种类型。

① 交易对手风险是指在金融交易中,交易对手未能按照合同约定履行义务导致另一方遭受经济损失风险。

② 发行者风险是指金融产品的发行者自身财务状况恶化、信用评级下降、经营不善等导致无法履行约定义务,从而使投资者遭受损失风险。

(3) 从发生层次上看,信用风险可分为三个层次:一是交易层次,二是交易对手或发行人层次,三是资产组合层次。

① 交易层次风险是指在具体交易执行过程中,操作流程、技术系统、人为失误或交易机制等环节出现问题,导致交易无法正常完成、成本增加或产生损失的风险。

② 交易对手或发行人层次风险是指金融交易中的交易对手或金融产品的发行人自身出现问题导致交易无法正常履行或投资者遭受损失的风险。

③ 资产组合层次风险是指将多种资产组合在一起形成投资组合时,组合整体的结构配置、资产相关性变化等导致整个组合价值下跌、收益不达预期或遭受损失的风险。

(4) 按照引发信用风险工具的不同,信用风险可分为贷款信用风险、债券信用风险和应收账款信用风险。

① 贷款信用风险是指在贷款过程中,贷款人或机构由于借款人无法或不愿按时偿还本金和利息而面临经济损失的可能性。它反映了借款人信用不良、还款能力不足或贷款过程中的不当行为等因素对贷款安全性的影响。

② 债券信用风险是指在债券到期后,债券发行方不能还本付息,从而使投资者遭受损失的风险。债券信用风险主要受到债券发行方的经营能力、盈利水平、事业稳定程度以及规模大小等因素影响。一般来说,政府债券的信用风险最低,理论上认为中央政府债券是信用风险最低的债券,譬如国债。

③ 应收账款信用风险是指由企业应收账款引起的坏账损失、资金成本和管理成本的增加。应收账款的信用风险与应收账款的规模成同比例增长,企业利用商业信用实现的销售额越大,承受的应收账款信用风险就越高。

四、信用风险的形成原因

信用风险的形成受到多种因素的影响,以下是一些主要的原因。

1. 经济运行的周期性波动

经济运行的周期性波动是信用风险产生的重要原因之一。在经济繁荣时期，债务人的偿债能力通常较强，信用风险相对较低；而在经济衰退或萧条时期，债务人的经营环境恶化，偿债能力较弱，信用风险则相对较高。

2. 特殊事件影响

自然灾害、政治动荡、战争等特殊事件可能对债务人的偿债能力造成严重影响，从而导致信用风险的增加。这些事件具有不可预测性和突发性，对金融机构的风险管理能力提出更高要求。

此外，债务人自身的经营管理水平、财务状况、道德风险等因素也会对信用风险产生影响。因此，金融机构在评估和管理信用风险时，需要综合考虑多种因素，采取多种手段来降低风险。

第二节　信用风险度量

引导案例

海南省自 1988 年建省之初，就确立了以市场经济为主的原则，作为经济特区同时拥有许多优惠政策和特权。1992—1993 年海南省房地产价格大幅上涨，同时带动了以信托为主的金融业的规模扩张，信托公司 80%的资金均投向了房地产行业。1993—1996 年国家宏观调控政策的出台使房地产开发投资受到严格限制，被房地产套牢资金的金融机构不良资产比重逐步上升。

1995 年 8 月，海南省政府将 5 家信托投资公司改组成立海南发展银行，海南发展银行组建之初就背负巨额债务。1997 年，海南发展银行兼并了同样受到房地产泡沫破灭波及的 28 家城市信用社，同时采取了限息政策，导致一部分追求高息的储户将资金取出，加之其信誉大跌，引发了储户的心理恐慌，1998 年春节过后出现了银行挤兑潮。

1998 年 6 月 21 日，海南发展银行关闭清算，其全部债权债务由中国工商银行托管，在中国工商银行的信誉加持下，海南发展银行没有出现大规模挤兑，大部分储户将存款转存至中国工商银行，银行同时对机构和企业存款者的债权进行登记。

资料来源：作者根据网络资料归纳整理。

案例讨论

(1) 结合案例材料分析海南发展银行挤兑的原因有哪些。

(2) 商业银行和监管当局从这个案例中可以汲取哪些经验教训？

上述案例告诉我们，金融行业由于管理不善或者操作不当等因素处处存在着风险，那么，如何进行信用风险度量呢？

案例讨论参考答案

一、信用风险度量涉及的基本概念

(1) 违约风险暴露(exposure at default, EAD):指在一段时间内借款人的承诺清偿额。EAD 越大,债权人所相应承担的信用风险也就越高。

(2) 违约概率(probability of default, PD):指借款人在未来一定时期内不能按合同要求偿还银行贷款本息或履行相关义务的可能性。

(3) 违约损失率(loss given default, LGD):指违约时的债务面值中无法收回部分所占的比例。

(4) 剩余期限(residual maturity, RM):指债务从考察所在时点来看,离最终到期还剩多长时间。

二、传统的信用风险度量方法

(一) 专家分析法

专家分析法是指专家依据公司过往和现在的表现,进行基于经验的定性分析和判断,并将此作为对公司信用风险的一种评价。其缺点在于严重依赖专家的主观经验判断,因此该方法常作为一种辅助性信用分析工具,与各种定量分析手段配合使用。专家分析法主要有 5C 判断法、5W 要素分析法、5P 判断法、LAPP 法。

(1) 5C 判断法:该法通过分析借款人的五个信用要素来评估信用状况。五个信用要素为:

① 品格(Character):对企业声誉的一种度量,考察其偿债意愿和偿债历史。基于经验可知,一家企业的年龄是其偿债声誉的良好替代指标。

② 资格与能力(Capacity):即还款能力,反映借款者收益的易变性。如果按照债务合约还款以现金流不变的方式进行下去,而收益是不稳定的,那么可能会有一些时期企业还款能力受到限制。

③ 资金实力(Capital or Cash):所有者的股权投入及其相对债务的比率(杠杆性),被视为预期破产的可能性的良好指标,高杠杆性意味着比低杠杆性更高的破产概率。

④ 担保(Collateral):如果发生违约,银行对于借款人抵押的物品拥有抵押权。抵押权的优先权越高,则相关抵押品的市场价值就越高,贷款的风险损失就越低。

⑤ 经营条件或商业周期(Condition):企业所处的商业周期,是决定信用风险损失的一项重要因素,特别是对于那些受周期决定和影响的产业而言。

(2) 5W 要素分析法:关注借款人(Who)、借款用途(Why)、还款期限(When)、担保物(What)及还款地点(Where),提供了一个更为直接和具体的信用评估框架。

(3) 5P 判断法:从个人因素、资金用途、还款来源、保障和企业前景五个角度出发,考量借款人的信用记录、资金使用目的、还款来源的稳定性、债权的安全性及企业未来的发展潜力。

① 个人因素(Personal factor):决定还款意愿和还款能力。

② 资金用途(Purpose factor):影响借款使用的风险和收益。

③ 还款来源(Payment factor):项目现金流和未来前景。

④ 保障(Protection factor):包括抵押与担保等。

⑤ 企业前景(Perspective factor):经营管理水平与环境。

(4) LAPP 法:该方法可用于综合评估企业的财务状况和业务表现,涵盖流动性、活动性、盈利性和发展潜力四个维度。

① 流动性(Liquidity):其核心指标包括流动比率(理想值通常为 2∶1,但行业差异大,如零售业可能更低)、速动比率(剔除存货后的即时偿债能力,1∶1 为安全线)、现金流分析(关注经营活动现金流是否为正,能否覆盖短期负债)和行业考量(如制造业需重点关注速动比率,科技企业则更依赖流动比率)。

$$流动比率=\frac{流动资产}{流动负债}$$

$$速动比率=\frac{流动资产-存货}{流动负债}$$

② 活动性(Activity):体现运营效率,其指标包括存货周转率(高存货周转率表明库存管理高效,如零售业通常较高)、应收账款周转率(反映回款速度)和总资产周转率(衡量资产创收能力,需与行业均值对比)。

$$存货周转率=\frac{销售成本}{平均存货}$$

$$应收账款周转率=\frac{销售收入}{平均应收账款}$$

$$总资产周转率=\frac{销售收入}{总资产}$$

③ 盈利性(Profitability):体现盈利关键,包括毛利率(反映核心生产成本控制)和净利率(反映综合费用管理能力,低净利率可能需优化运营)。

$$毛利率=\frac{销售收入-销售成本}{销售收入}$$

$$净利率=\frac{净利润}{销售收入}$$

④ 发展潜力(Potential):体现发展前瞻性,其指标包括市场增长(参考行业增长率及企业市场份额变化)、研发投入占比(科技企业通常需占 5%以上)、战略与人才(战略执行历史、专利数量、核心员工流失率等非财务数据)等。

$$研发投入占比=\frac{研发费用}{总收入}$$

上述评级方法在内容上都大同小异,是根据信用的形成要素进行定性分析,必要时配合定量计算。它们的共同之处是将道德品质、还款能力、资本实力、经营环境条件、借款用途、还款期限、担保物及如何还款等要素逐一进行评分,必须把企业信用影响因素的各个方面都包括进去,不能遗漏,否则信用分析就不能达到全面反映的要求。传统的信用风险度量方法均是金融机构对客户作信用风险分析时所采用的专家分析法,在该指标体系中,重点放在定性指标上,通过专家与客户的接触而积累的经验来判断客户的信用水平。

(二)信用评级法

信用评级法是指通过设定一系列评估指标,对债务人或金融工具的信用风险进行量化或定性分析,最终确定其信用等级的方法体系。从狭义上看,受评对象可以是债券,如长期公司债券、可转换公司债券等;也可以是债务人,如个人、公司,甚至一个国家。从广义上看,随着金融创新和金融产品的不断增加,受评对象也包括固定收益评级(如资产证券化债券评级)、公司治理水平评级等。

通过评级机构进行信用评级被称为"外部评级(external rating)"。标准普尔(Standard & Poor's)、穆迪(Moody's)、惠誉国际(Fitch Ratings)是三大知名的全球性评级机构。信用评级的意义在于:

(1)对债务人(借款人)而言,信用评级可以为其扩大筹资渠道、降低筹资成本和稳定资金来源。

(2)对投资者而言,信用评级有助于迅速了解债务人的信用风险等级、趋势等信息,以作出投资判断,估计投资收益率。

(3)对金融中介机构而言,信用评级可作为其对证券定价与销售的重要参考指标,对新发行的证券尤其具有价值。

信用评级的流程为:首先,获得充足的信息;其次,使用定量和定性方法分析公司业绩,并与同行业中的其他公司进行比较;再次,评级机构召开评级委员会会议;最后,公开发布评级委员会投票得出的评定等级。

信用评级法可以非常直观地为银行等贷款提供者呈现借款人的综合信用状况,从而为信贷决策、风险管理和风险定价等提供便利。下面以标准普尔公司为例,阐述它的具体评价体系,见表 3-2-1 和表 3-2-2。

表 3-2-1 标准普尔公司长期债务评级体系

级别	含义
AAA	债券质量最高,债务人偿付债务的能力很强
AA	和最高级别相差不大,偿付债务的能力也很强
A	在市场环境和经济条件出现问题时,偿付可能存在问题
BBB	保险系数较高,但在市场环境或经济条件出现不利变化时,会削弱偿付能力
BB	违约风险比其他投机级别要低一些,但市场环境、财务状况或经济条件的变化很可能导致债务人无力偿付债务
B	从目前情况看,仍有能力承担债务。市场环境、财务状况或经济条件的变化会削弱债务人偿付债务的能力和愿望
CCC	目前偿付能力较低,只能依赖市场环境。只有在财务状况或经济条件出现有利变化时,债务人才有可能偿付债务
CC	违约可能性很大

续表

级别	含义
C	债务人已经提交了破产申请或从事其他类似的活动，不过债务偿付仍未停止
D	该等级不是对未来的预期，只有在违约实际发生后，才使用这个级别
R	这个符号主要用于那些含有很高非信用风险的工具。它强调的是信用评级时未关注的本金风险或收益率波动的风险

注：从 AA 到 CCC 的每个级别都要用附加的“+”或“-”来进行调整，表明同一级别的相对质量。评级后有“+”表示它的前景被看好，有可能很快升级；有“-”表示它的前景不被看好，有可能很快降级。

表 3-2-2　标准普尔公司短期债务评级体系

级别	含义
A-1	债务人承担偿付义务的能力很强
A-2	在经济环境恶化时，偿付可靠性稍低，但还是令人满意
A-3	能表现出一定的偿付保障，不过市场环境或经济条件的改变可能削弱债务人的偿付能力
B	具有一定的投机性。债务人当前具有偿付能力，但一些重要的不确定因素可能导致其无力承担偿付义务
C	在当前看就有违约的可能，只有在财务状况或经济条件出现有利变化时，债务人才有可能偿付债务
D	在违约已经发生的情况下给予的评级

三、现代信用风险度量方法

（一）信用监控模型（KMV 模型）

KMV 模型主要用于对借款企业的违约概率进行量化评估，它以市场信息为数据基础。

KMV 模型的计算步骤主要包括以下三步：首先，基于布莱克-舒尔斯期权定价模型（Black-Scholes Model，简称“BS 模型”），根据企业股权的市场价值及其波动性、到期时间、无风险借贷利率及负债的账面价值估计出企业资产的市场价值、资产价值的波动性；其次，根据公司的负债计算出公司的违约实施点，计算借款人的违约距离；最后，根据企业的违约距离与预期违约率之间的对应关系，求出企业的违约概率。

KMV 模型的优点是它是建立在现代公司财务理论和期权理论基础上的信用检测模型，具有一定的前瞻性，它所提供的违约概率本质上是一种对信用风险的定量分析。

（二）信用计量模型（CreditMetrics 模型）

CreditMetrics 模型基于在险价值（Value-at-Risk，VaR）计算框架，特别适用于如贷款、债券等非交易性信用资产的风险评估。

CreditMetrics 模型试图回答的一个核心问题是：如果下一年是一个坏年份，那么相应的贷款或贷款组合会损失多少？CreditMetrics 模型又称为“基于信用等级转移的‘盯市’模型”。

（三）信用组合观察（CPV）模型（麦肯锡模型）

CPV 模型主要用于信贷组合风险的分析。其基本思想是，当经济处于衰退期时，各信用主体信用降级和违约概率增加；反之，各信用主体信用降级和违约概率减少。

CPV 模型通过将观测到的违约概率和信用转移概率与宏观经济因素联系起来，可方便地用于对既定宏观因素取值下各个信用等级对象之间的联合条件违约分布和信用转移概率进行仿真模拟。

（四）信用风险附加模型（CreditRisk+模型）

CreditRisk+模型是瑞士银行金融产品开发部于 1997 年开发的，其基本思路是运用保险经济学中的保险精算方法，将风险暴露划分成不同的频段，以提高风险度量的精确程度。

该模型的主要思想来源于保险业，它以保险精算学的分析框架为基础，只考虑债务人违约和不违约两种状态，不关注引发违约的具体原因，只是采用泊松分布作为债务人违约事件的近似分布。

第三节　现代信用风险合规管理基本流程与策略

一、信用风险合规管理基本流程

（一）信用风险识别

信用风险识别是商业银行根据自身经营的情况和实际需要，判断出会对日常经营管理、业务发展和稳健运营造成负面影响的因素的一个过程，主要目标是了解自身当前存在的信用风险原因、类型和发展变化趋势，进而为后续的管理控制流程做好准备。

贷前调查一般由专门的基层客户经理完成。为保证客户质量和项目质量，降低信用风险，一些银行为申请贷款的客户设置了一定的门槛标准，只有当客户的资产规模、盈利能力、管理水平、项目定位等达到相关的要求和标准时，才能进入后续的调查阶段。

贷款审查一般主要由专门的审查委员会实施。一些银行还成立了由信贷专家组成的信贷审批部，专门负责申报项目的最终审批决策。

（二）信用风险的度量和监测

信用风险的度量和监测是指在信用风险识别的基础上，针对相应的风险类型、对象和性质，对信用风险发生的可能性、影响程度及后续危害性进行计算和测量。

在信用风险合规管理的实践中，金融机构应该根据自身特点、条件和风险管理的实际需要，建立适用、稳定和有效的信用风险度量模型。在对信用风险进行科学度量的基础上，还应该加强对信用风险的持续动态监测。此外,对于业务范围广泛和多元化的大型金融机构而言,在信用风险度量和监测的过程中,持续加强多维数据的收集、汇总和联合分析,建立多部门之间的风险信息共享机制,对于全面理解和管理整个机构层面所面临的信用风险状况而言也非常重要和必要。

(三) 信用风险的合规控制

对于高风险、低收益或低风险、低收益的客户,主要采用信用风险规避方法,通过限制客户准入来控制信用风险;对于存在低相关性且风险可控的客户,一般采用组合管理的方法,通过风险限额、有效分散化等手段降低非系统性风险(特质风险);对于风险与收益匹配的中等风险客户,可灵活地采用一些风险缓释或风险转移的方法,通过抵(质)押、保证、净额结算工具等缓释信用风险,或通过信用衍生工具和贷款证券化等方式转移信用风险。

二、信用风险合规管理策略

(一) 信用风险缓释

信用风险缓释(credit risk mitigation, CRM)是指商业银行运用合格的抵质押品、净额结算、保证和信用衍生工具等方式转移或降低信用风险。商业银行采用内部评级法计量信用风险监管资本,信用风险缓释功能体现为违约概率(PD)、违约损失率(LGD)或违约风险暴露(EAD)的下降。信用风险缓释技术(credit risk mitigation technique, CRMT)被全面有效地运用于授信业务,可使银行节约资本资源。

1. 运用抵质押品缓释信用风险

(1) 运用抵质押品缓释信用风险的基本原则包括:

① 银行开展的授信业务中使用的抵质押品分为金融质押品、应收账款、商用/个人居住用房地产及其他抵质押品。

② 资产在处理时,只能按照清算价值进行转让。

③ 担保形式主要有抵押、质押、保证和附属协议。

(2) 合格抵质押品的认定和处理。《巴塞尔协议Ⅱ》认可实物资产、应收账款、金融抵押品作为抵押品,并建议使用"估值折扣"来调整金融资产抵押品的价值,即将抵押品价值在其市场价值的基础上进行扣减。《巴塞尔协议Ⅲ》中的初级内评法还认定特定商用或个人居住用房地产,以及其他抵押品。

(3) 商用或个人居住用房地产的抵押认定和处理。商用或个人居住用房地产作为抵押,必须符合以下监管要求。

① 合格商用或个人居住用房地产作为抵押品取决于借款人从其他来源偿还债务的能力。

② 商用或个人居住用房地产作为债权的抵押品,必须在法律上具有可实施性,必须具备抵押品生效的抵押品协议和法律过程,可在合理时间内实现抵押品价值。

③ 合格抵押品通常被局限于贷款方对抵押品具有第一占有权。

④ 银行接受抵押品贷款政策必须清晰记录在文件中,必须采取措施保证作为抵押品的

财产足额保险,以防损害和变质。

(4) 应收账款的抵押认定和处理。应收账款的抵押认定和处理必须符合以下监管要求。

① 合格的金融应收账款是指初始期少于或等于1年,而通过借款人抵押资产的商品流或资金来还款的债权。

② 银行必须建立确定应收账款信用风险的合理程序。

③ 借款数量和应收账款价值之差必须反映所有适当的因素,包括清收成本、单个借款人抵押的应收账款池内的风险集中度及银行总贷款中潜在的集中性风险。

④ 借款人抵押的应收账款应分散化,不应与借款人的相关性过高。

⑤ 对经济困境情况下的应收账款,银行应建立成文的程序。

(5) 对其他合格实物抵押品处理。其他实物抵押品由监管当局认定,但必须满足两个标准:一是存在能够及时、经济、有效处置抵押品且流动性强的市场;二是存在公开、可得的抵押品市场价格。

2. 运用净额结算协议缓释信用风险

表内净额结算是指银行使用交易对象的债权(存款)对该交易的债务(贷款)做扣减。根据《巴塞尔协议Ⅱ》,在标准法下,如银行有法律上可执行的贷款和存款净额结算安排,在符合相关条件的情况下,可进行表内净额结算,计算净风险敞口资本要求。这些条件包括:

(1) 无论交易对象是无力偿还债务还是破产,有完善法律基础确保净额结算协议实施。

(2) 在任何情况下能确定同一交易对象在净额结算合同下的资产和负债。

(3) 在净头寸基础上监测和控制相关敞口。

(4) 监测和控制后续风险,需在净头寸基础上监测和控制相关风险暴露。

(二) 信用风险转移

1. 信用风险转移的定义

信用风险转移(credit risk transfer, CRT)是指金融机构通过使用各种金融工具把信用风险转移到其他金融机构。主要的市场参与者包括商业银行、各种机构投资者和证券公司。信用风险合规管理主要有贷前审查、贷后监督和降低信贷集中度等手段,而信用风险转移市场的出现使得商业银行可以根据自身资产组合管理的需要对信用风险进行转移,从而更主动灵活地进行信用风险合规管理。

2. 信用风险转移的主要方式

信用风险转移的主要方式包括融资型信用风险转移与非融资型信用风险转移。

(1) 融资型信用风险转移是指在向金融市场或金融机构转移信用风险的同时实现资金的融通。工商企业可以通过办理保理业务或者福费廷业务,将应收账款无法收回所带来的信用风险转移给专业性的金融机构。

(2) 与融资相分离的信用风险转移手段有信用担保、信用保险和信用衍生品。信用担保是灵活的信用风险转移工具,通过双边合约,担保人作为信用风险的承担者,当第三方(债务方)不能履行其义务时,承担相应的补偿或代为支付的义务,金额限于潜在风险敞口的损失。信用保险就是企业通过和保险机构签订保险合同,支付一定的保费,从而在指定信用风险范围内蒙受损失时获得补偿。信用衍生品是指一种双边的金融合约安排,在这种安排下，合约双方同意互换事先商定的或者根据公式确定的现金流，现金流的确定依赖预先设定的在未来一段时间内信用事件的发生。

3. 信用风险转移的工具

信用风险转移的工具可以从两个方面进行分类：一是转移的信用风险是单笔贷款还是贷款组合；二是风险的接受方是否出资。常见的信用风险转移的工具主要包括信用衍生品、资产证券化产品、担保与保险类工具、贷款出售、信用联结票据等。

4. 信用风险转移监管的分析

（1）信用风险转移业务对金融系统的影响。首先，信用风险转移市场增加了承担信用风险金融机构的数量，提高了信用事件导致连锁反应的可能性。其次，它降低了金融市场的透明度，导致信用风险在金融系统中的分布情况更为复杂且难以统计。再次，信用风险转移市场既可以提高信用风险的分散度，又有造成信用风险重新集中的可能性。最后，金融监管当局必须清醒地认识到，信用风险转移只是将信用风险分散化，并不能消弭风险，必须继续强化金融机构在原始业务中的风险识别、评估与控制，而非对信用风险转移过于迷信，忽视了风险产生的源头。

（2）信用风险转移业务给市场参与者带来的风险。在信用风险转移交易中，商业银行等市场参与机构都会面临新的风险，主要包括交易对手风险、合约不完全风险及模型风险等。

（3）信用风险转移业务对监管机构的挑战。市场参与机构可能在不完全了解信用风险转移市场的潜在风险或缺乏相应的风险管理能力的情况下进入信用风险转移市场，监管当局应该在掌握信用风险流向及风险承担机构管理能力的情况下，制定恰当的资本要求和市场准入政策，才能保证金融机构稳定经营。

学中做，做中学

某银行 2023 年信用卡业务不良率从 1.5%升至 2.3%；共发行联名卡 20 万张（占新发卡的 60%），其中联名卡不良率 3.1%；反欺诈系统拦截异常交易 1.2 亿元（同比增加 40%）。

撰写一段信用风险分析报告（不超过 200 字），提出 2 条改进建议。

“学中做，做中学”
参考答案

本章习题

一、单项选择题

1. 下列信用评级模型中，以市场信息为数据基础的是（　　）。

A. 线性概率模型　　B. 神经网络模型　　C. KMV 模型　　D. ZETA 模型

2. 从发生层次上看，信用风险可以分为（　　）个层次。

A. 2　　B. 3　　C. 4　　D. 5

3. 信用组合观察（CPV）模型（麦肯锡模型）的基本思想是（　　）。

A. 当经济处于发展期时，各信用主体信用降级和违约概率增加；反之，各信用主体

信用降级和违约概率减少

B. 当经济处于发展期时,各信用主体信用升级和违约概率减少;反之,各信用主体信用降级和违约概率减少

C. 当经济处于衰退期时,各信用主体信用升级和违约概率减少;反之,各信用主体信用降级和违约概率减少

D. 当经济处于衰退期时,各信用主体信用降级和违约概率增加;反之,各信用主体信用降级和违约概率减少

4. 根据 KMV 模型,决定一家公司违约概率的主要因素不包括(　　)

A. 资产价值　　B. 资产风险　　C. 杠杆比例　　D. 现金比例

5. 下列选项不属于 KMV 模型的优点的是(　　)。

A. KMV 模型是建立在现代公司财务理论和期权理论基础上的信用检测模型

B. KMV 模型假定企业资产价值的对数服从正态分布

C. KMV 模型具有前瞻性

D. KMV 模型所提供的违约概率本质上是一种对风险的定量分析

6. 信用风险缓释是指商业银行运用抵质押品、净额结算、(　　)和信用衍生工具等方式转移或降低信用风险。

A. 承诺　　B. 现金　　C. 保证　　D. 变现

7. 下列信用风险转移方式中,属于融资型信用风险转移的是(　　)

A. 保理业务　　B. 信用担保　　C. 信用保险　　D. 信用衍生品

8. (　　)属于出资信用风险转移工具。

A. 担保　　B. 保险产品

C. 组合信用违约互换　　D. 资产抵押证券

二、多项选择题

1. 按照引发信用风险工具的不同,信用风险主要分为(　　)。

A. 贷款信用风险　　B. 债券信用风险

C. 应收账款信用风险　　D. 资产组合风险

2. 信用风险的特征包括(　　)。

A. 非对称性　　B. 累积性　　C. 系统性　　D. 内源性

3. 信用风险的形成受到多种因素的影响,其中特殊事件包括(　　)等。

A. 自然灾害　　B. 政治动荡　　C. 战争　　D. 政策变化

4. 5W 要素分析法关注(　　),提供了一个更为直接和具体的信用评估框架。

A. 借款人　　B. 借款用途　　C. 还款期限

D. 担保物　　E. 还款方式

5. KMV 模型主要用于对借款企业的违约概率进行量化评估,它以市场信息为数据基础。基于 BS 模型,根据企业股权的市场价值及其波动性、到期时间、无风险借贷利率及负债的账面价值估计出(　　)。

A. 企业资产的市场价值　　B. 企业资产的折旧价值

C. 企业资产价值的稳定性　　D. 企业资产价值的波动性

6. 传统信用风险度量的5C判断法的信用要素包括(　　)。

A. Character(品格)　　B. Capital or Cash(资金实力)

C. Capacity(资格与能力)　　D. Condition(经营条件或商业周期)

E. Collateral(担保)

7. 与融资相分离的信用风险转移手段有(　　)。

A. 信用担保　　B. 信用保险　　C. 信用衍生品　　D. 信用评级

8. 信用风险缓释的工具或方式包括(　　)。

A. 合格的抵质押品　　B. 净额结算　　C. 留置

D. 信用衍生工具　　E. 保证

9. 5P判断法从(　　)角度出发,考量借款人的信用记录、资金使用目的、还款来源的稳定性、债权的安全性及企业未来的发展潜力。

A. 个人因素　　B. 资金用途　　C. 还款财源

D. 债权保障　　E. 企业前景

10. 信用风险度量是在信用风险识别的基础上,针对相应的风险类型、对象和性质,对信用风险发生的(　　)进行计算和测量。

A. 可能性　　B. 影响程度　　C. 后续危害性　　D. 主观性

三、判断题

1. 贷款证券化是指金融机构通过一定的程序将其贷款转化为证券发行的过程。(　　)

2. 运用抵质押品缓释信用风险操作担保时不需要任何协议。(　　)

3. 违约回收率是指发生违约时的债务面值中不能收回部分所占的比例。(　　)

4. 信用风险转移市场既可以提高信用风险的分散度,又有造成信用风险重新集中的可能性。(　　)

5. 信用风险转移的主要方式包括融资型信用风险转移与非融资型信用风险转移。(　　)

6. 对于高风险、低收益或低风险、低收益的客户,主要采用信用风险规避方法,通过限制客户准入来控制信用风险。(　　)

7. 信用风险转移的担保属于出资风险转移。(　　)

8. 评级的意义在于,对债务发行人(借款人)而言,信用评级可以为其扩大筹资渠道、降低筹资成本和稳定资金来源。(　　)

9. 信用组合观察模型(麦肯锡模型)的基本思想是,当经济处于衰退期时,各信用主体信用降级和违约概率减少;反之,各信用主体信用降级和违约概率增加。(　　)

10. 违约风险暴露(exposure at default, EAD)是指在一段时间内借款人的承诺清偿额。EAD越大,债权人所相应承担的信用风险也就越大。(　　)

四、简答题

1. 简述信用风险的含义、特征和类型。

2. 阐述专家分析法的主要内容。

3. 结合实际说说信用风险的形成原因。
4. 简述信用风险转移的定义与主要方式。
5. 简述信用风险合规管理的基本流程。
6. 阐述商用或个人居住用房地产作为抵押需要符合的监管要求。

五、实务操作题

信用风险是指借款方未能按照合同约定的时间和金额履行偿还责任的风险。在金融市场中,信用风险是常见的一种风险,它可能导致金融机构遭受损失甚至面临破产。结合专业知识与自己所闻所见列举几个典型的信用风险案例。

六、案例分析题

永煤控股10亿元债券实质性违约

永城煤电控股集团有限公司(简称"永煤控股")成立于2007年6月,经营范围包括对煤炭、铁路、化工及矿业的投资与管理;发电及输变电;机械设备制造、销售等。该公司控股股东是河南省最大国有企业河南能源化工集团有限公司,持股比例为96.01%。

2020年11月10日,永煤控股公告称,因流动资金紧张,公司未能按期筹措足额兑付资金,"20永煤SCP003"未能按期足额偿付本息,已构成实质性违约,违约本息金额共计10.32亿元。"20永煤SCP003"发行金额为人民币10亿元,发行期限不超过270天,信用评级机构为中诚信国际信用评级有限责任公司(简称"中诚信国际"),主体信用评级结果为AAA,主承销商为中国光大银行股份有限公司,联席主承销商为中原银行股份有限公司。

截至2020年第三季度末,永煤控股总资产为1 726.5亿元,总负债1 343.95亿元,净资产382.55亿元,资产负债率77.84%。永煤控股流动负债有979.49亿元,主要为应付票据和短期借款,其一年内到期的短期负债有420.7亿元,短期有息负债高达665.11亿元。永煤控股的资金流动性已显紧张,其账上合并口径货币资金有469.68亿元,除去受限资金后无法覆盖短债,短期偿债风险较大。11月11日至13日,由于永煤事件持续发酵,冲击投资者信心,债券市场受到显著冲击。部分信用债一级市场取消发行,相关行业、相关省份的部分信用债出现暴跌,债市恐慌情绪爆发,部分产品赎回压力较大,波及利率债市场,资金面紧张,3天内10年期国债收益率上行幅度达4~5基点(BP,1基点=0.01%)。

(1) 这个案例展现了什么风险?

(2) 结合案例与当时社会经济的基本情况,分析风险产生的原因。

第四章

流动性风险合规管理

学习目标

知识目标

● 理解流动性风险的含义与特征，了解流动性风险的类型与来源。

● 知晓流动性风险的度量方法。

● 了解《巴塞尔协议》合规要求，知晓流动性风险的合规控制与我国银行业的流动性风险合规管理。

能力目标

● 能正确认识和分析流动性风险。

● 能应用流动性风险的度量方法进行流动性风险分析。

● 能应用所学知识在实际中进行流动性合规管理。

思政目标

● 培养法治合规意识，守住不发生金融违规的底线。

● 培养良好的金融道德观与社会责任感，提升专业职业素养，强化流动性风险的把控意识，营造良好的金融流动性风险把控环境。

学习重点

● 流动性风险的含义与特征，流动性风险的类型与来源。

● 流动性风险的度量方法。

●《巴塞尔协议》合规要求、我国银行业的流动性风险合规管理。

内容结构

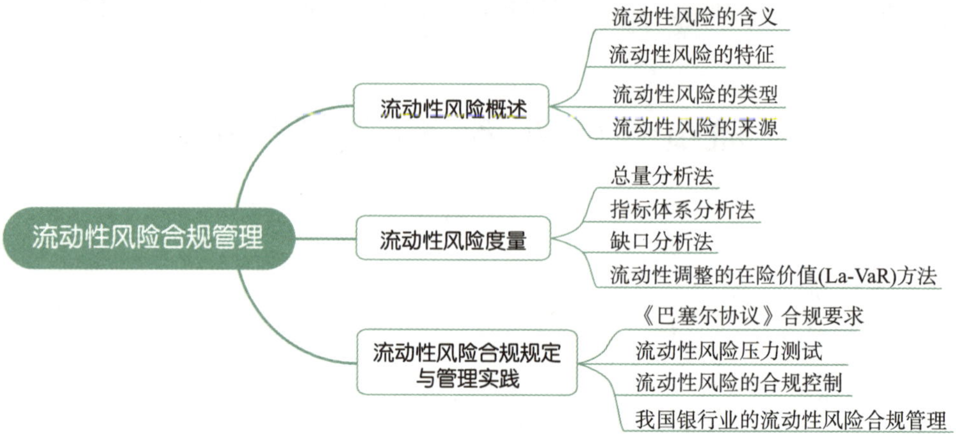

第一节　流动性风险概述

引导案例

1974 年左右，美国大陆伊利诺斯银行与花旗银行、大通哈曼顿银行一样，是货币中心银行，也是当时美国中西部最大、全美第八大银行，还是美国最大的商业贷款银行。该银行于 1984 年春夏之际，经历了一次严重的流动性危机。具体过程如下：1976 年至 1981 年，实行信贷扩张计划，确定了 19.82%的贷款增长速度，同等规模银行的贷款增长速度为 14.67%。当时，该行贷款与存款的比率高达 79%，同等银行为 67%，全美银行平均为 56%。该行由于核心存款不足，因而大量借款，同期借入资金的年增长率高达 22%。游资来源几乎是同等规模银行的 2 倍。1982 年，该银行没有按时付息的贷款额（超过 90 天还未付息的贷款）占总资产的 4.6%，比其他大银行的该比率高一倍以上。1983 年，该银行的流动性状况进一步恶化，易变负债超过流动资产的数量约占总资产的 53%。1984 年，当市场上开始流传大陆伊利诺斯银行将要倒闭的消息时，其他银行拒绝购买该银行发行的定期存单，原有的存款人也拒绝延展到期的定期存单和欧洲美元。5 月 11 日，该银行从美国联邦储备银行借入 36 亿美元来填补流失的存款，以维持必需的流动性。5 月 17 日，联邦存款保险公司介入并向公众保证该银行的所有存款户和债权人的利益将能得到完全的保护。1984 年 7 月，联邦存款保险公司接管该银行（拥有该银行股份的 80%），最终帮助大陆伊利诺斯银行渡过了此次危机。

资料来源：刘姝威.外国银行成功和失败的经验教训之一 欲速则不达——美国伊利诺斯银行失败的教训[J].新金融，1997(12)：25-26.（有改动）

案例讨论

（1）本案例中出现了怎样的金融风险？

（2）这个违规事件可以避免吗？请简单分析一下产生原因。

案例讨论参考答案

上述案例告诉我们，银行经营必须具备一定的流动性，合理注意风险的分析与预测，同时业务运作应符合法律法规，但有的企业为了自身利益而忽略金融流动性风险的存在。那么，什么是流动性风险呢？

一、流动性风险的含义

（一）流动性的定义

流动性是指一个资产的可转换性，也就是说，该资产可以快速以较低成本转移或兑换为另一种资产。流动性在金融学中有着重要的意义，它能够影响金融市场的运作和投资者的决策。因此，理解和掌握流动性有助于投资者更好地管理资金并获得更高的收益。

金融学中的流动性是指一种金融市场中有效经济资源的可流动性，它是金融市场在供求均衡、资源配置效率和金融活动的稳定下的重要支撑。金融学中的流动性既包括金融市场的流动性，也包括金融机构、金融产品和金融服务的流动性。

金融市场的流动性是指在金融市场上交易行为能迅速、无阻碍地进行，即在对价格不造成影响或影响不大的情况下，交易量能被市场完全吸收的能力。金融机构的流动性是指金融机构的业务所产生的现金流满足其支付要求的情况，常用来描述金融机构的偿付能力。其中，业务所产生的现金流既包括资产的收益，也包括从金融市场融入的资金。金融产品的流动性是指金融产品在不遭受损失的情况下，能够以合理价格快速变现的能力。金融服务的流动性指的是金融服务的便捷性，即客户购买和使用金融产品的方便程度。

（二）流动性风险的定义

流动性风险是指在市场上买卖某个资产时，市场中资产的供求状况、市场参与者的交易行为等因素，可能导致资产无法在预期时间内以预期价格进行买卖的风险。流动性风险主要表现为资产难以快速变现或无法变现，从而给投资者造成损失。流动性风险是金融市场中的一种常见风险，投资者在进行资产配置与投资决策时应考虑和评估该风险。

金融机构流动性风险的核心内涵在于不能以合理的成本足额履行到期的支付义务。金融机构的流动性是动态的，涵盖市场流动性和融资流动性两个方面，且需要综合考虑时间、金额等方面的变化。对于金融机构而言，若资产端出现短期或长期的短缺，而无法及时满足所欠的资金或为新的需求提供资金，由此产生的风险称为“资产流动性风险”；若是由金融机构所筹集的资金突然发生波动，如须提前偿还借款或因筹资成本上升而不得不放弃筹集资金等因素引发的风险，则称为“负债流动性风险”。

二、流动性风险的特征

1. 不确定性

不确定性是指未来变化要素的不确定性,即对应各种不同的经济状况,存在一系列的可能结果。人们尽可能地收集信息,并在此基础上进行科学的预测与分析,以把握各种不确定性因素。金融机构流动性风险具有高度的不确定性,无法准确预测未来的变化。例如,突发的市场崩盘、政策变化、信用风险等因素都可能对金融企业的流动性造成影响。

2. 扩散性

金融机构是整个社会金融活动的中介,是多边信用网络上的节点。金融机构的参与,使原始的信用关系变成相互交织、相互联动的网络。金融活动不是完全独立的,其外部效应广泛存在。任何一个节点出现断裂都有可能产生连锁反应,引起其他节点的波动,进而导致金融体系的局部甚至整体发生动荡和崩溃。

3. 传染性

流动性风险具有很强的传染性,可能与金融机构的其他风险相互关联。例如,市场风险、信用风险、操作风险等都可能对金融机构的流动性造成影响。

4. 隐蔽性和突发性

金融市场风险收益或损失的不确定性,不一定会立即表现为现实的损失。因此,风险责任人往往存有侥幸心理,尽力掩盖风险,期待市场出现转机。加之金融机构的信用创造能力可能掩盖已经出现的损失和问题,如果金融市场风险不断积累,最终会以突发的形式表现出来。

三、流动性风险的类型

(一)根据风险载体分类

根据风险载体分类,流动性风险可以分为资产流动性风险与融资流动性风险。

1. 资产流动性风险

资产流动性风险是指资产到期不能如期足额收回,进而无法满足到期负债的偿还和新的合理贷款及其他融资需要,从而给金融机构带来损失的风险。资产流动性要求金融机构能随时满足借款人的融资、贷款需求或偿付其他债务。

影响资产流动性的因素有以下三个。

(1)资产种类。由于风险和盈利的不同,不同的资产种类具有不同的流动性。

(2)资产的交易特征。资产的交易特征主要是指交易价格、每笔交易规模和交易量。不同的资产具有不同的交易特征,从而具有不同的流动性。

(3)竞争。在其他因素不变的情况下,市场有效竞争的程度将影响资产的流动性,这是影响资产流动性的外部因素。

2. 融资流动性风险

融资流动性风险是指一家金融机构因缺乏资金而没有能力筹集新资金来偿还到期债务

而产生的风险,多来源于杠杆的运用。融资流动性要求金融机构能随时满足客户提取存款或投资者收回投资的需要。

(1) 考虑资产方面,资金来源的潜在要求依赖:

① 不同的保证金要求,它是由逐日结算决定的。

② 担保支付在时间上的不匹配。即使金融机构的资产负债期限完全匹配,该机构也可能在还没有获得对冲支付的情况下被迫支付头寸。

③ 抵押品需求的变化:因贷方要求而增加其所要求的抵押品的数量。

(2) 考虑负债方面,机构通过其他来源的筹资来满足保证金的要求。但当机构经营不善且资金缺口很大时,要及时筹集到新资金就比较困难。

(二) 根据风险来源分类

根据风险来源分类,流动性风险可以分为外生流动性风险与内生流动性风险。

1. 外生流动性风险

外生流动性风险是指由金融市场外部环境的变化导致的流动性风险。这些因素通常具有不可预测性和不可控制性,因此外生流动性风险对金融机构的影响较大。这些外生因素大致包括:

(1) 宏观经济政策调整。宏观经济政策调整,如货币政策的松紧、财政政策的增减等,都会对金融市场的流动性产生影响。例如,紧缩的货币政策可能导致市场流动性收紧,增加金融机构获取资金的成本和难度。

(2) 市场供求关系变化。金融市场中资产和负债的供求关系变化也会导致流动性风险。当市场供过于求时,流动性充裕,金融机构能够较容易地获取资金;而当市场供不应求时,流动性紧张,金融机构可能面临资金短缺的风险。

(3) 国际金融市场波动。国际金融市场波动也可能对国内金融市场产生冲击,引发流动性风险。例如,国际金融市场的动荡可能导致跨境资本流动出现异常,影响国内金融机构的资金来源和流动性状况。

2. 内生流动性风险

内生流动性风险主要源于金融机构内部的运营和管理问题。这些风险通常可以通过有效的内部管理和风险控制来降低。

(1) 资产负债结构不匹配。金融机构的资产负债结构不匹配是内生流动性风险的重要来源。当资产期限长而负债期限短时,金融机构可能面临短期资金流动性不足的风险;反之,当负债期限长而资产期限短时,金融机构则可能面临长期资金无法有效利用的问题。

(2) 风险管理能力不足。金融机构的风险管理能力对其流动性风险水平具有重要影响。若金融机构未能有效地识别、评估和控制流动性风险,则可能因风险暴露过大而面临严重的流动性危机。

(3) 信息技术系统缺陷。信息技术系统的稳定性和安全性对金融机构的流动性管理至关重要。若系统出现故障或遭受攻击,可能导致金融机构无法及时获取和处理与流动性相关的信息,从而影响其流动性管理能力。

四、流动性风险的来源

流动性风险的来源分为内部因素和外部因素。

（1）内部因素。具体包括金融机构资产负债结构的影响、决策者的经营思想和行为的影响、金融企业信誉的影响、资产质量的影响、负债结构的影响、其他业务的影响等。

（2）外部因素。具体包括中央银行政策的影响、金融市场发育程度的影响、客户信用风险的影响、利率变动的影响等。

【案例 4-1-1】 英国北岩银行(又译诺森罗克银行)位于英国北部,其前身是北岩建筑互助会,是英国五大抵押贷款银行之一。与大多数银行依靠储户存款为购房者提供抵押贷款的做法不同,北岩银行主要依靠向其他银行借款与在金融市场上出售抵押贷款证券筹款。但是美国次贷危机发生后,没有银行愿意向北岩银行提供资金,北岩银行头寸不足,只能向中央银行(英格兰银行)求助,该举导致北岩银行的投资者与储户丧失信心,股价在短短几个交易日内下跌近 80%,同时出现了英国 140 年来的首次挤兑。北岩银行流动性管理出现问题,融资出现困难,严重的客户挤兑则导致 30 多亿英镑的资金流出,而该行的存款总量亦不过 240 亿英镑。在陷入流动性危机泥潭长达 6 个月之久后,英国议会 2008 年 2 月 21 日通过了将其国有化的议案,这也成为了 20 世纪 70 年代以来英国的首个企业国有化案例。

资料来源:李利明.英国北岩银行挤兑案例分析[EB/OL].(2021-07-21)[2025-02-15].http://e-learning.uibe.edu.cn/meol/common/script/preview/download_preview.jsp?fileid = 74430&resid = 33127.(有改动)

案例讨论

（1）本案例中出现了怎样的金融风险?

（2）这个风险事件可以避免吗?请简单分析一下该风险事件产生的原因。

案例讨论参考答案

第二节　流动性风险度量

引导案例

为考察期限错配对兴业银行流动性的影响,下文主要从流动比率、存贷比率和流动性缺口三个方面进行分析。

1. 流动比率分析(表 4-2-1)

表 4-2-1　流动比率分析

银行	流动比率		
	2010 年 12 月	2011 年 12 月	2012 年 12 月
兴业银行	46.98%	30.71%	29.47%
招商银行	37.04%	44.28%	52.29%
中信银行	56.75%	58.97%	48.85%
浦发银行	40.28%	42.80%	37.57%
行业平均水平	39.51%	40.77%	44.34%

兴业银行在 2010—2012 年的流动比率不断下降,表明其流动性风险逐渐上升。与行业内其他中型商业银行相比,2012 年兴业银行流动比率仅 29.47%,远低于行业均值,已经接近银监会规定的 25%的流动比率警戒线。

2. 存贷比率分析

兴业银行 2012 年 12 月,2013 年 6 月,2013 年 12 月的流动性指标见表 4-2-2。

表 4-2-2　流动性指标分析

时间	流动性指标		
	流动比率	存贷比率	流动性缺口
2012 年 12 月	29.47%	66.50%	-21.00%
2013 年 6 月	25.35%	69.37%	-33.00%
2013 年 12 月	34.80%	61.95%	-28.00%

兴业银行在 2013 年 6 月的存贷比率为 69.37%,2013 年年内存贷比率基本维持在 60%以上。较高的存贷比率表明兴业银行可能面临着资金不足或者偿付能力不足的问题。

3. 流动性缺口分析

从表 4-2-2 中的数据还可以看出,兴业银行在 2012—2013 年流动性缺口远低于银监会规定的最低标准(-10%),特别是在 2013 年 6 月达到-33.00%,呈现出明显的恶化态势。

案例讨论

(1) 本案例中对期限错配对兴业银行流动性影响的分析采用了哪些分析指标?

(2) 结合实际谈谈如何做到合规管理要求。

案例讨论参考答案

上述案例告诉我们,合规管理必须采用一定的标准与分析指标,强化流动性风险预警与合规管理就显得非常重要。金融机构可以结合风险指标分析,提前做好风险合规管理,从而提升市场竞争力,降低经营风险。

一、总量分析法

总量分析法就是通过对资产负债表中的资产、负债、所有者权益的绝对数量的比较和分析，揭示金融机构流动性风险的大小，主要包括以下三个方面。

（一）货币资金的规模

金融机构出于交易动机、预防动机和投资动机的需要，必须持有一定数额的货币资金。不管是哪一种动机，目的都是保证金融机构在任何需要的时候有随时可动用的货币资金，以防止现金不足及现金不能清偿风险的发生。因此，货币资金越多，表明金融机构流动性风险越小。过大的货币资金规模，可能意味着金融机构没有用闲置的资金及时偿还借款，存在存贷利差损失，或者正在丧失潜在的投资机会；持有现金太少，又会面临没有足够的资金及时偿付到期债务的风险，导致罚息、商誉损失和流动性不足问题。因此，金融机构应该确定一个最优的现金持有量，从而在防范流动性风险的前提下实现利益的最大化。通过计算现金最佳持有量，并与现有货币资金进行比较，可以判断金融机构货币资金的规模是否适当。

一般来说，金融机构的资产规模越大，相应的货币资金规模应当越大。不过，在相同的总资产规模条件下，不同行业金融机构的货币资金规模会不同。

（二）非货币性流动资产的规模与质量

一般来说，流动资产的持有有助于金融机构避免潜在的流动性风险，而且流动资产越多，流动性风险越小。但不同的流动资产，其变现能力不同，产生的流动性风险也不同。因此，除分析货币资金规模外，还需要分析非货币性流动资产变现能力的强弱，分析资产转换成现金的时间是否与负债到期日匹配。如果货币资金少，非货币性流动资产变现能力弱，变现时间又不与负债到期日匹配，即使流动资产总量再多，都可能面临不能如期偿还债务的风险。

一般来说，非货币性流动资产的变现能力由强到弱的顺序为交易性金融资产、应收票据、应收账款、预付账款、存货。这一顺序也是流动性风险由小到大的顺序。也就是说，在非货币性流动资产总额相同的情况下，排在前面的资产越多，流动性风险越小。

（三）交易性金融资产的变动额

交易性金融资产是指金融机构为了近期出售而持有的金融资产，包括金融机构以赚取差价为目的的从二级市场购入的股票、债券、基金等。这类资产由于期限短，易于变现，因此在资产负债表中的数据会经常变动。如果报表中交易性金融资产金额长期不变，投资收益较固定，则有可能是金融机构故意将长期投资的一部分人为地划分为交易性金融资产，以改善流动资产状况进而规避流动性风险。

二、指标体系分析法

指标体系分析法是指基于相关财务数据计算流动性指标体系，度量金融机构流动性状况的方法。具体主要包括流动性指数法、存款集中度法、财务比率指标法三种方法。

（一）流动性指数法

流动性指数法度量金融机构在特定状况下所面临的流动性风险损失，即与正常的市场状况相比,金融机构因必须立即出售资产所可能承担的价格损失。

$$I = \sum w_i(P_i/P_i^*)$$

其中,I 为流动性指数;w_i 为第 i 项资产在金融机构资产总额中所占比例;P_i 为即时出售资产的价格;P_i^* 为资产公平的市场价格。

该指数越小,出售价格越低于公平价格,说明金融机构的资产也就越缺乏流动性。

(二)存款集中度法

存款集中度法度量银行所面临的存款提前支取风险,反映银行对大额存款的依赖性。

$$L = \sum E_i w_i$$

其中,L 为存款集中度;E_i 为存款规模等级 i 的存款份额;w_i 为存款规模等级 i 的权重。

存款集中度越高,银行潜在的存款提前支取风险就越大,银行所面临的筹资流动性风险也越大。

(三)财务比率指标法

财务比率指标法根据会计报表的有关数据计算出流动性指标,来度量金融机构流动性状况。财务比率指标法采用的指标主要包括资产流动性指标和负债流动性指标两大类。

1. 资产流动性指标

(1) 现金状况比率:指金融机构的现金资产与总资产的比率。

现金状况比率=现金资产/总资产

该比率越高,意味着金融机构可动用的付现资产比率越高,流动性状况就越好。

(2) 流动性证券比率:指金融机构持有的短期(一年期以内)政府债券(包括政府机构债券)总额与总资产的比率。

流动性证券比率=政府债券总额/总资产

该比率越高,表明金融机构流动性越强。当金融机构出现流动性缺口时,可以随时出售短期政府债券以弥补该流动性缺口。

(3) 净同业拆借比率:指商业银行同业之间资金拆出和拆入差额与总资产之间的比率。

净同业拆借比率=(资金同业拆出-资金同业拆入)/总资产

该比率越高,表明银行的资金越充裕,资金流动性越强。

(4) 能力比率:指净贷款和租赁资产与总资产的比率。

能力比率=净贷款和租赁资产/总资产

净贷款和租赁资产是银行获利的主要资产,流动性一般比较弱。能力比率是流动性的反向指标,即该比率越高,表明银行的流动性越弱。

2. 负债流动性指标

(1) 货币资产负债比率:指金融机构货币市场资产与货币市场负债的比率。

货币资产负债比率=货币市场资产/货币市场负债

货币市场资产是金融机构流动性极强的短期资产,包括现金、短期政府债券、中央银行超额准备金拆出、中央银行发行的短期票据及回购协议等。货币市场负债是金融机构流动性极强的负债,包括大额定期存单、中央银行超额准备金拆入及回购协议借款等。该比率可以反映金融机构平衡货币市场资金头寸的能力，该比率越高，表明金融机构的流动性越强。

（2）短期资产比率：指金融机构短期资产与敏感性负债的比率。

短期资产比率＝短期资产/敏感性负债

短期资产是能在短期内迅速变现的资产，包括在其他银行的短期存款、中央银行超额准备金拆出、持有的短期证券等。敏感性负债是对利率变化反应敏感的负债，包括大额存款、外国官方存款、回购协议中的售出证券、政府的即期票据和其他票据。敏感性负债对市场利率变化的敏感性很强，容易从银行等金融机构流出。该比率越高，表明金融机构流动性越强。

（3）核心存款比率：指商业银行核心存款与总资产的比率。

核心存款比率＝核心存款/总资产

核心存款是商业银行存款中最稳定的部分：① 对利率变化敏感性不强；② 不随经济条件和周期性因素的变化而变化；③ 被提前提取的可能性很小。该比率越高，表明银行的流动性压力越小。

（4）存款结构比率：指银行活期存款与定期存款的比率。

存款结构比率＝活期存款/定期存款

该比率用来度量银行资金基础的稳定性。该比率上升，意味着银行存款的稳定性减弱，流动性需求增加。

三、缺口分析法

缺口分析法是金融机构通过分析资产与负债之间的差额来评估流动性大小的方法。缺口分析法包括以下几种。

（一）流动性缺口分析

流动性缺口指预计的在未来预测期（如未来 4～5 周）资金需求量与资金供给量之间的差额。若流动性缺口为正，表明银行在预测期的流动性不足；否则，说明银行在预测期的流动性充足或过剩。

（二）资产负债到期日结构法

该方法通过比较在不同时段内到期的资产和负债额，确定缺口的大小。

到期日结构性缺口＝某时段内到期的资产价值−某时段内到期的负债价值

到期日结构性缺口为正，流动性风险较小；反之，流动性风险较大。

（三）利率敏感性缺口

利率敏感性缺口指利率敏感性资产与利率敏感性负债的差额。

$$RSG=RSA-RSL$$

其中，RSG 为利率敏感性缺口；RSA 为利率敏感性资产；RSL 为利率敏感性负债。确定一项资产或负债是否具有利率敏感性的依据是资产或负债在考察期内是否因利率变化而可能被重新定价。

（四）久期缺口分析法

久期缺口指资产的久期减去负债的久期。

资产(或负债)组合的久期:等于各项资产(或负债)久期的加权平均,其中权重为各单个资产(或负债)的价值占组合价值的比例。

$$D = \sum_{i=1}^{n} w_i \cdot D_i$$

其中,w_i 为第 i 项资产(或负债)的市场价值占组合总价值的权重;D_i 为第 i 项资产(或负债)的久期。

$$久期缺口 = Da(资产) - Dl(负债)$$

若久期缺口>0,说明资产的平均到期期限大于负债的平均到期期限,金融机构容易面临支付困难,流动性风险增加。资产对利率变化较负债更敏感。如果市场利率下降,则资产价值增加的幅度比负债价值增加的幅度大,流动性也随之加强;如果市场利率上升,则资产价值减少的幅度比负债价值减少的幅度大,流动性也随之减弱。

若久期缺口<0,说明资产的平均到期期限小于负债的平均到期期限,金融机构流动性状况较好。负债对利率变化较资产更敏感。如果市场利率下降,则资产价值增加的幅度比负债价值增加的幅度小,流动性也随之减弱;如果市场利率上升,则资产价值减少的幅度比负债价值减少的幅度小,流动性也随之加强。

四、流动性调整的在险价值(*La_VaR*)方法

传统的市场在险价值法没有考虑市场的流动性风险,即假设市场流动性是完全的。

La_VaR 方法不仅度量了由价格波动所带来的损失,同时还考察了因流动性风险而可能带来的交易成本损失。*La_VaR* 方法实际上度量的是由流动性风险因子(L)和市场风险因子(M)构成的集成风险(I) ,即

$$I = M + L$$

其中,I 为集成风险因子;M 为市场风险因子;L 为流动性风险因子。

因为 $I=M+L$,所以 $La\_VaR = VaR(I) = VaR(M) + VaR(L)$。

其中,*La_VaR* 为在险价值;$VaR(L)$ 为增量在险价值;$VaR(M)$ 为边际在险价值;$VaR(L)$ 为流动性调整的在险价值。

第三节 流动性风险合规规定与管理实践

一、《巴塞尔协议》合规要求

巴塞尔委员会是 1974 年由十国集团中央银行行长倡议建立的,其成员包括十国集团中

央银行和银行监管部门的代表。自成立以来,巴塞尔委员会制定了一系列重要的银行监管规定,如 1983 年的银行国外机构的监管原则(*Basel Concordat*,又称《巴塞尔协定》)和 1988 年的《巴塞尔协议》(*Basel Accord*)。这些规定不具有法律约束力,但十国集团监管部门一致同意其在规定时间内在十国集团实施。经过一段时间的检验,鉴于其合理性、科学性和可操作性,许多非十国集团监管部门也自愿地遵守了《巴塞尔协定》和《巴塞尔协议》,特别是那些国际金融参与度高的国家。1997 年,《有效银行监管的核心原则》(简称《核心原则》)的问世是巴塞尔委员会历史上又一项重大事件。《核心原则》是由巴塞尔委员会与一些非十国集团国家联合起草的,得到世界各国监管机构的普遍赞同,并已成为国际社会普遍认可的银行监管国际标准。至此,虽然巴塞尔委员会不是严格意义上的银行监管国际组织,但事实上已成为银行监管国际标准的制定者。

(一)《巴塞尔协议》概述

1988 年,巴塞尔委员会发布了《关于统一国际银行资本衡量和资本标准的国际协议》,即《巴塞尔协议》,其目的是通过规定银行资本充足率,统一各国的资本差异,加强对银行资本及风险资产的监管。该协议统一了全球银行风险管理标准,按照资本与风险对称的原则,在计算资本充足率的过程中,根据不同资产风险设置相应权重(把银行资产按风险程度划分为 0%、20%、50%、100%四个等级),风险越大的资产,权重越大。这就在一定程度上区别了不同资产对银行流动性的影响。

巴塞尔委员会于 2001 年推出了新的《巴塞尔协议》,即《巴塞尔协议Ⅱ》。《巴塞尔协议Ⅱ》包含了巴塞尔委员会对流动性风险的新认识,并在《银行机构流动性管理的稳健做法》中阐述了几个关键原则。根据《巴塞尔协议Ⅱ》,监管部门要对银行的流动性风险进行监督检查,看其是否满足监管比率,并且评判其能否有效处置风险。

《巴塞尔协议Ⅲ》推出的直接原因是 2008 年国际金融危机。2008 年国际金融危机前,金融市场融资速度较快且成本较低,而在 2008 年金融危机中,一些银行虽然具备充足资本,但由于流动性不足而面临危机。为此,巴塞尔委员会决心加大对商业银行流动性风险的监管,并在《稳健的流动性风险管理与监管原则》中提出了 17 项原则,从定性角度完善了流动性风险合规管理。

(二)《巴塞尔协议》的流动性风险合规管理

1. 流动性覆盖率(liquidity coverage ratio, LCR)

流动性覆盖率(LCR)= 优质流动性资产储备÷未来 30 天现金净流出量×100%

该公式中的优质流动性资产(high quality liquidity asset, HQLA)指可以在没有损失(或极小损失)的情况下轻松快速变现的资产。该公式中的未来 30 天现金净流出量指在预设的压力环境中,未来 30 天中的预期现金流出总量减去预期现金流入总量。流动性覆盖率的标准是不低于 100%,即在监管设定的严重流动性压力情景下,银行持有的优质流动性资产储备足以覆盖未来 30 天的现金流出需求。

2. 净稳定资金比例(net stable funding ratio, NSFR)

净稳定资金比例被定义为可用的稳定资金(available stable funding, ASF)与所需的稳定资金(required stable funding, RSF)之比。

$$净稳定资金比例=可用的稳定资金÷所需的稳定资金\times 100\%$$

该式中，可用的稳定资金具体包括：资本总额（含巴塞尔委员会定义的一级资本和二级资本），剩余期限1年的优先股和债务，压力情景下有效期限1年、预期将留在机构内的非到期存款或定期存款和批发资金等。在《巴塞尔协议Ⅲ》中，所需的稳定资金被定义为银行所拥有的各类资产价值与该类资产特定的稳定资金需求系数的乘积，再加上表外业务与所需的稳定资金系数的乘积。在《巴塞尔协议Ⅲ》中，巴塞尔委员会列举了所需的稳定资金构成及其相应系数，交易中银行能收到的现金的对应系数为0%，存在变现障碍的资产系数为100%。

根据监管要求，商业银行的净稳定资金比例必须大于100%。净稳定资金比例指标作为流动性覆盖率的补充，主要衡量在持续性压力情景下，银行是否具有可确保持续经营（1年以上）的稳定资金来源。

3. 银行监管资本合规要求

银行应保持足够的准备资产，比如现金资产（库存现金、同业存款和在中央银行的存款）与短期有价证券（短期国债）。为强化资本监管，监管当局一般会规定银行必须持有的最低资本量，将原来实行的两个最低资本充足率要求（核心资本和总资本占风险资产的比例分别不低于4%和8%）调整为三个层次的资本充足率要求：明确三个最低资本充足率要求，即核心一级资本充足率、一级资本充足率和资本充足率分别不低于5%、6%和8%。

4. 流动性风险的合规监测

《巴塞尔协议Ⅲ》提出了与监管标准指标相适应的5个指标，用于对银行流动性风险进行检测和评估，具体包括：合同期限错配指标，用于监测不同期限内的合同现金流情况；融资集中度指标，用于监测重要交易对手、货币、产品或工具的依赖或持有情况；可用的无变现障碍资产指标，用于监测银行获取额外流动性的能力；以重要货币计价的流动性覆盖率，用于监测银行的货币错配情况；与市场有关的监测工具，用于监测与市场整体、金融业及特定银行有关的重要信息。

二、流动性风险压力测试

在流动性风险度量和监测过程中，金融机构通常还需要通过压力测试，对各种极端情况下的流动性风险进行分析和评估。压力测试包括敏感性测试及情景测试，前者的目的是测试单个重要影响因素（或少数影响因素）发生变动对金融机构流动性风险暴露及其承受能力的影响，而后者则旨在分析多个风险因素同时发生变动对金融机构流动性风险暴露及其承受能力的影响。

对流动性风险进行压力测试一般分为三个步骤：首先，设定压力测试情景，根据压力程度设置轻度、中度、重度三种压力情景；其次，设置压力情景下相关现金流假设，包括业务滚动及增长、资产组合变现及融资来源变更等；最后，运用不同分析方法对不同情景下的现金流缺口状况进行测算，并形成压力测试报告。

三、流动性风险的合规控制

（一）资产流动性合规控制

资产流动性合规控制的核心和实质，就是使资产保持在最佳的状态。金融机构保持资产流动性的方法主要有三种：保持足够的准备资产；合理安排资产的期限组合，使之与负债相协调；通过多种形式增强资产流动性。

（二）负债流动性合规控制

从负债的角度，加强流动性风险管理主要有以下几种典型的合规方法。

1. 保持较多的主动型负债

这是银行负债流动性管理最主要的方法，被广泛运用于以下四项业务：发行大额可转让定期存单、发行银行债券、同业拆借、向中央银行借款。

2. 对传统存款进行多种形式的开发和创新

为了增强负债的流动性、盈利性和安全性，除了对非存款负债进行管理外，对传统的活期和定期存款，也可以通过多种形式的开发和创新增强其流动性。同时，商业银行还可以通过加强存款服务创新、热情友好地接待客户、密切银行与客户的关系等方式，增加客户存款，增强负债的流动性。

3. 现金流缺口合规控制

现金流缺口管理主要分静态和动态两种。其中，静态分析方法主要针对包含现有业务的所有头寸在合同约定的到期日因本金、利息、客户特定行为（如提前支取、提前偿还、滚动贷款、坏账等）产生的现金流缺口（资产性流入现金流-负债性流出现金流）进行计量。而动态分析方法则是在静态分析的基础上，增加对新业务和未来业务基于合约到期日产生的现金流缺口的分析，也包括在流动性压力情景下对现金流缺口的分析。

4. 流动性限额合规控制

流动性限额主要包括指标限额和流动性资产储备限额。流动性风险指标体系涵盖了现金流指标、资产负债期限缺口指标、集中度指标等，常见指标包括累计现金流缺口比例、累计最大现金流缺口、流动性比例、贷存比、流动性覆盖率、净稳定资金比例、核心存款比例、杠杆率等。商业银行可在监管指标之外，根据自身业务特征定制部分流动性管理指标，并通过对各项指标设置相应限额来予以监控和管理。

5. 日间流动性头寸控制

日间流动性头寸控制主要是指银行对其每日的资金进出进行统一匡算，实时计算头寸信息，建立大额资金进出上报机制，并由专职部门或人员对全行头寸进行统一调配管理，同时集成资金业务系统业务明细信息，为流动性分析等前瞻性应用提供数据支持。此外，日间流动性管理还应支持对大额资金到期情况以及客户、产品等维度资金流入流出情况进行分析，为预测未来资金头寸变动提供决策支持。

四、我国银行业的流动性风险合规管理

我国银行业的流动性风险合规管理经历了从头寸管理、流动性管理到流动性风险管理的渐进式发展。2011 年,银监会发布了《商业银行流动性风险管理办法(试行)》,引入流动性覆盖率和净稳定资金比例来衡量商业银行的流动性风险。2018 年,银保监会颁布《商业银行流动性风险管理办法》,为大中型商业银行和小型商业银行制定了差异化的监管标准,同时增加了三个流动性监管指标:流动性匹配率、净稳定资金比例和优质流动性资产充足率。

(一)限额合规管理

商业银行应当对流动性风险实施限额管理,根据自身业务的规模、性质、复杂程度,流动性风险偏好和外部市场发展变化情况,设定流动性风险限额。流动性风险限额包括但不限于现金流缺口限额、负债集中度限额、集团内部交易和融资限额。

(二)抵质押合规管理

商业银行应当加强融资抵质押品管理,确保其能够满足正常和压力情景下日间与不同期限融资交易的抵质押品需求,并且能够及时履行向相关交易对手返售抵质押品的义务。此外,商业银行应当在考虑抵质押品的融资能力、价格敏感度、压力情景下的折扣率等因素的基础上提高抵质押品的多元化程度。

(三)日间流动性风险合规管理

商业银行应当加强日间流动性风险合规管理,确保具有充足的日间流动性头寸和相关融资安排,及时满足正常和压力情景下的日间支付需求。同时,商业银行应当结合历史数据对日间流动性状况进行回溯分析,并在必要时完善日间流动性风险合规管理。

(四)优质流动性资产合规管理

商业银行应当持有充足的优质流动性资产,确保其在压力情景下能够及时满足流动性需求。优质流动性资产应当为无变现障碍资产,包括在压力情景下能够通过出售或抵(质)押方式获取资金的流动性资产。商业银行应当根据其流动性风险偏好,考虑压力情景的严重程度和持续时间、现金流缺口、优质流动性资产变现能力等因素,按照审慎原则确定优质流动性资产的规模和构成。

(五)我国流动性风险管理的主要合规监管指标

我国金融监管总局规定:流动性覆盖率的标准为 100%,净稳定资金比例的标准为 100%,流动性比例的标准为 25%,流动性匹配率的标准为 100%,优质流动性资产充足率的标准为 100%。

2023 年四季度末,商业银行流动性覆盖率为 151.6%,较上季末上升 8.06 个百分点;流动性比例为 67.88%,较上季末上升 2.73 个百分点;人民币超额备付金率为 2.23%,较上季末

上升 0.75 个百分点；存贷款比例（人民币境内口径）为 78.69%，较上季末上升 0.5 个百分点。整体商业银行流动性净额充足，不存在流动性风险问题。

【案例 4-3-1】

中国银行的流动性风险管理

中国银行根据监管要求，不断完善风险管理体系，更新流动性压力测试方案、流动性风险管理政策和应急预案，建设预警体系。请仔细分析图 4-3-1 和图 4-3-2 中的数据。

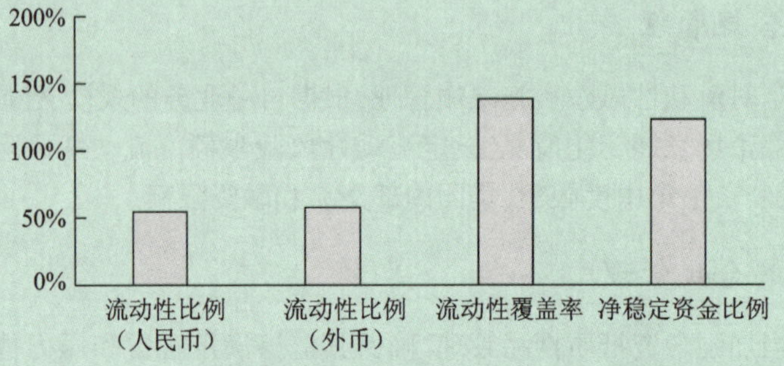

图 4-3-1　中国银行 2020 年流动性风险监管指标情况

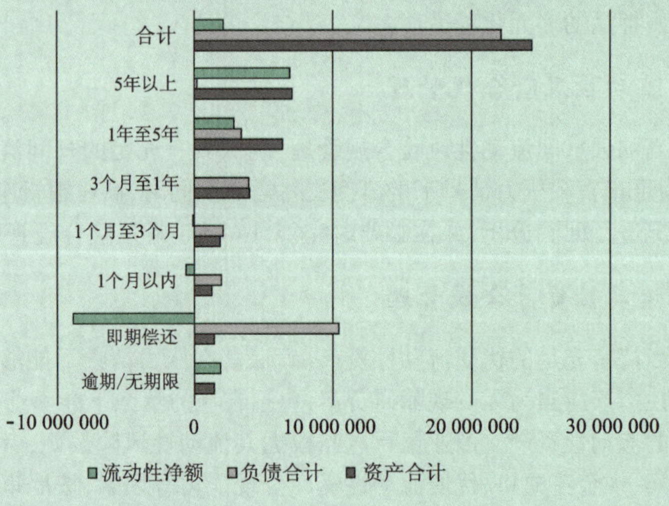

图 4-3-2　中国银行 2020 年年报到期分析数据整理（单位：百万元）

案例讨论

（1）结合图中数据分析中国银行本外币流动性比例是否满足合规管理要求。

（2）结合图中数据分析中国银行流动性覆盖率和净稳定资金比例，说明中国银行流动性是否存在一定的风险。

案例讨论参考答案

本章习题

一、单项选择题

1. 下列关于流动性、机会成本、资产收益率三者之间关系的说法,正确的是(　　)。

A. 流动性越弱,机会成本越高,资产收益率就越高

B. 流动性越弱,机会成本越低,资产收益率就越高

C. 流动性越强,机会成本越高,资产收益率就越低

D. 流动性越强,机会成本越低,资产收益率就越低

2. 高流动性资产的特征是具有交易活跃的市场,其头寸交易对价格的影响(　　),而交易清淡市场的任何交易对价格的影响都(　　)。

A. 很小,很小　　B. 很大,很小

C. 很大,很大　　D. 很小,很大

3. 商业银行的资产主要包括现金资产、贷款、证券投资和固定资产四大类,对流动性风险影响较大的主要是(　　)。

A. 现金资产、贷款、证券投资和固定资产

B. 现金资产、贷款、证券投资

C. 现金资产、贷款

D. 现金资产

4. 货币市场资产是指银行流动性极强的短期资产,它不包括(　　)。

A. 短期政府债券　　B. 中央银行超额准备金拆出

C. 逆回购协议　　D. 贴现贷款

5. 金融机构流动性风险的核心内涵在于不能以(　　)履行到期的支付义务。

A. 合理的成本足额　　B. 科学的预测管理

C. 完善的内控制度　　D. 资产的合理流动

6. 流动性指数法用于度量金融机构在特定状况下所面临的流动性风险损失,即与正常的市场状况相比,金融机构因必须立即出售资产所可能承担的价格损失。该指数越小,出售价格越低于公平价格,说明金融机构资产流动性也就(　　)

A. 越强　　B. 越没有风险　　C. 越交易活跃　　D. 越缺乏

7. 敏感性负债对市场利率变化的敏感性很强,容易从银行等金融机构流出,短期资产比率越高,表明金融机构流动性(　　)。

A. 越强　　B. 越没有风险　　C. 越交易困难　　D. 越缺乏

8. 现金状况比率=现金资产/总资产。该比率越高,意味着金融机构可动用的付现资产比率越高,流动性状况就(　　)。

A. 越好　　B. 越没有风险　　C. 越交易困难　　D. 越缺乏

9. 我国金融监管总局监管规定流动性覆盖率的标准为(　　)。

A. 70%　　B. 80%　　C. 90%　　D. 100%

10. 外生流动性风险是指由金融市场外部环境的变化，如宏观经济政策、市场供求关系、（　　）等因素导致的流动性风险。

A. 企业组织结构的变化　　B. 企业内控制度变化

C. 金融机构金融产品创新　　D. 国际金融市场波动

二、多项选择题

1. 中央银行主要通过（　　）等间接调控手段作用于货币政策的中间目标——货币供给量和利率，进而影响和调节货币政策的最终目标。

A. 公开市场操作　　B. 货币发行　　C. 再贷款

D. 存款准备金　　E. 贴现率

2. 金融机构流动性风险的外部来源包括（　　）。

A. 客户信用风险　　B. 利率变动　　C. 金融市场发育程度

D. 市场风险　　E. 中央银行政策

3. 商业银行保持资产流动性的方法主要有（　　）。

A. 保持足够的现金资产

B. 保持足够的短期有价证券

C. 保持足够的贴现贷款

D. 合理安排资产的期限组合，使之与负债相协调

E. 采用多种形式增加资产流动性

4. 敏感性负债是指对利率变化反应敏感的负债，主要包括（　　）。

A. 大额存款　　B. 外国官方存款　　C. 回购协议中的证券出售

D. 政府的即期票据　　E. 一年内到期的定期存款

5. 我国流动性风险管理的主要合规监管指标包括（　　）。

A. 流动性覆盖率　　B. 税后盈利率

C. 净稳定资金比例　　D. 优质流动性资产充足率

6. 现金流缺口管理主要包括（　　）。

A. 静态分析方法　　B. 动态分析方法

C. 微观分析方法　　D. 宏观分析方法

7. 银行保持资产流动性的方法包括（　　），使之与负债相协调，通过多种形式增加资产流动性。

A. 保持足够的准备资产　　B. 合理安排资产的期限组合

C. 增加银行的贷款　　D. 发行金融债券

8.《巴塞尔协议Ⅲ》明确三个最低资本充足率要求，即核心一级资本充足率、一级资本充足率和资本充足率分别不低于（　　）。

A. 5%　　B. 6%　　C. 7%　　D. 8%

9. 货币市场负债是金融机构流动性极强的负债，包括（　　）。

A. 大额定期存单　　B. 中央银行超额准备金拆入

C. 债券发行　　D. 回购协议借款

10. 总量分析法就是通过对资产负债表中的资产、负债、所有者权益的绝对数量的比

较、分析，揭示企业流动性风险的大小，包括（　　）。

A. 货币资金的规模　　B. 非货币性流动资产的规模与质量

C. 交易性金融资产的变动额　　D. 自有资本的规模

三、判断题

1. 金融机构的筹资流动性仅指现实的流动性，即实际拥有的支付能力及将资产变现的能力。（　　）

2. 负债的流动性是指资金需求主体以较低的风险、最合理的成本通过负债手段随时获得所需资金的能力。（　　）

3. 有偿付能力的金融机构不可能因为流动性问题而破产。（　　）

4. 金融机构面临流动性风险往往意味着其持有的资产流动性弱和对外融资能力枯竭。（　　）

5. 一般地，金融机构的盈利性与流动性成正比，即资产的流动性强，那么盈利性就强。（　　）

6. 流动性指数越小，表明即时出售资产的价格与公平的市场价格之间的差距就越大，银行资产的流动性也就越强。（　　）

7. 存款集中度越高，表明潜在的存款提前支取的风险越小，银行所面临的筹资流动性风险越小。（　　）

8. 资产流动性风险是指资产到期不能如期足额收回，进而无法满足到期负债的偿还和新的合理贷款及其他融资需要，从而给金融机构带来损失的风险。（　　）

9. 流动性是指一个资产的可转换性，也就是说，该资产可以快速以较低成本转移或兑换为另一种资产。（　　）

10. 商业银行应当加强日间流动性风险合规管理，确保具有充足的日间流动性头寸和相关融资安排，及时满足正常和压力情景下的日间支付需求。（　　）

四、简答题

1. 阐述流动性风险的含义与特征。
2. 简述流动性风险的来源。
3. 总量分析法包括哪三个方面？
4. 指标体系分析法包含哪些方面的内容？
5. 缺口分析法包含哪些内容？
6. 结合实际说说对流动性风险进行压力测试一般分为哪几个实施步骤。
7. 简述我国银行业流动性风险合规管理包含的内容。

第五章

市场风险合规管理

学习目标

知识目标

● 掌握市场风险的定义、类型及其在金融市场中的作用，了解市场风险与合规管理的关联性。

● 学习市场风险度量的基本模型和方法，了解《巴塞尔协议》对市场风险度量和管理的指导原则。

● 理解市场合规管理的基本原则和目标，掌握市场风险合规管理的流程、方法和工具。

能力目标

● 能够设计和实施市场风险合规管理策略，以满足监管要求并提高合规管理水平。

● 培养在复杂金融环境中进行合规决策和风险控制的能力。

思政目标

● 培养爱国情怀和社会责任感，树立国家金融安全大局意识。

● 强化守住不发生系统性金融风险的底线意识。

学习重点

● 市场风险的定义与分类。

● 市场风险度量方法。

●《巴塞尔协议》对市场风险管理的影响。

● 市场风险合规管理的流程、方法和工具。

内容结构

- 市场风险合规管理
  - 市场风险及其主要形式
    - 市场风险的定义
    - 市场风险的分类
    - 市场风险的特征
  - 市场风险度量
    - 市场风险度量方法的演变
    - 传统市场风险的度量方法
    - 现代市场风险的度量方法
  - 市场风险合规管理运作与方法
    - 市场风险合规管理框架
    - 市场风险合规管理的基本流程
    - 市场风险合规管理的控制方法

第一节 市场风险及其主要形式

引导案例

2008年，中信泰富在澳大利亚建设一个铁矿石项目时，为了支付从澳大利亚和欧洲购买的设备和原材料货款，需要使用澳元和欧元。为减少外汇风险，该集团签订了一些外汇合约。

中信泰富签订了4种澳元投资杠杆式外汇合约。根据合约规定，在澳元兑美元汇率高于0.87时，中信泰富可以赚取差价，但如果该汇率低于0.87，并没有设置自动终止协议，中信泰富必须不断以高汇率接盘，理论上亏损可以无限大。

某著名市场人士表示："荣先生是在香港赤手空拳打拼多年的实战派，但中信泰富签下这样风险明显不对称的合约，其中有什么隐情实在令人难以想象。"

2008年10月20日，中信泰富突然惊爆因投资杠杆式外汇产品而巨亏155亿港元，而且亏损有可能继续扩大。中信泰富两名高层即时辞职。

2008年10月22日，香港证监会确认，已经对中信泰富的业务展开调查，中信泰富的股价在两天内已经跌了近80%。

2009年3月26日，中信泰富公布2008年全年业绩，大亏126.62亿港元。

2009年4月3日，中信泰富再度接受警方调查。警方商业罪案调查科前往中信泰富总部，在逗留一小时之后运走大批文件。

2009年4月8日，荣智健卸任中信泰富主席。

资料来源：作者根据网络资料归纳整理。

案例讨论

(1) 本案例中出现了怎样的风险事故?

(2) 这个风险事故可以避免吗? 请简单分析一下该风险事故产生的原因。

案例讨论参考答案

一、市场风险的定义

市场风险是指金融机构或投资者所持有的金融资产、负债和衍生金融工具等的市场价值随各种市场因子(市场价格、利率、汇率、股票、债券行情等)的变化或波动而发生损失的可能性。

二、市场风险的分类

(一) 利率风险

利率风险是指市场利率的波动导致金融机构持有的金融资产或负债的市场价值发生变化的风险。具体来说,这种风险体现在以下四个方面。

1. 重新定价风险

重新定价风险也称为"期限错配风险",是指商业银行的资产、负债和表外业务的到期期限或重新定价期限存在差异,使得商业银行的收益或内在经济价值随着利率的变动而变化带来的风险。例如,如果商业银行以短期存款作为长期固定利率贷款的融资来源,当利率上升时,贷款的利息收入是固定的,但存款的利息支出会随着利率的上升而增加,从而使商业银行的未来收益减少和经济价值降低。

2. 收益率曲线风险

收益率曲线风险是指收益率曲线斜率的变化导致期限不同的两种债券的收益率之间的差幅发生变化而产生的风险。重新定价的不对称性也会使收益率曲线的斜率、形态的变化对银行的收益或内在经济价值产生不利影响,从而形成收益率曲线风险。该风险也称为"利率期限结构变化风险"。例如,若以五年期政府债券的空头头寸为十年期政府债券的多头头寸进行保值,当收益率曲线变陡的时候,虽然上述安排已经对收益率曲线的平行移动进行了保值,但该十年期债券多头头寸的经济价值还是会下降。

3. 基准风险

基准风险也称为"利率定价基础风险",是另一种重要的利率风险。在利息收入和利息支出所依据的基准利率变动不一致的情况下,虽然资产、负债和表外业务的重新定价特征相似,但因其现金流和收益的利差发生了变化,银行的收益或内在经济价值也会受到不利影响。

4. 期权性风险

期权性风险是一种越来越重要的利率风险,来源于银行资产、负债和表外业务中所隐含的期权。一般而言,期权赋予其持有者买入、卖出或者以某种方式改变某一金融工具或金融合同的现金流量的权利,而非义务。期权可以是单独的金融工具,如场内交易期权和场外期权合同,也可以隐含于其他标准化金融工具之中,如债券或存款的提前兑付条款、贷款的提前偿还等。一般而言,期权和期权性条款都是在对买方有利而对卖方不利时执行,因此,此类期权性工具因具有不对称的支付特征而会给卖方带来风险。

【案例 5-1-1】 奎克国民银行在 1984 年面临利率风险管理的挑战。当时,该银行的资产包括 2 000 万美元的浮动利率型资产和 8 000 万美元的固定利率型资产。在负债方面,有 5 000 万美元的利率敏感型负债和 5 000 万美元的固定利率负债。银行通过利率敏感性报表分析,预测利率上升将导致资产收益增加,但负债成本的增加将超过资产收益的增加,从而导致净损失。基尔宁作为执行副总裁,预测到利率将会上升,于是建议将 3 000 万美元的固定利率资产转换为浮动利率型资产,通过资产互换与另一家社区银行达成协议,成功对冲了利率上升的风险。最终,当美国利率确实上升时,这一策略为奎克国民银行减少了 120 万美元的损失。

资料来源:高祥新.利率市场化进程中我国商业银行利率风险管理研究[D].成都:四川师范大学,2015.(有改动)

案例讨论

(1) 基尔宁是如何识别和量化奎克国民银行的利率风险的?

(2) 他采取了哪些措施来管理这些风险,并取得了什么样的成效?

案例讨论参考答案

(二) 外汇风险

外汇风险,也称为“汇率风险”或“汇兑风险”,是指国际外汇市场汇率的变动对外币计价的资产、负债、权益和义务造成损失的可能性。它涉及经济主体在国际交易或金融活动中因汇率波动而面临的财务不确定性和潜在损失。具体来说,这种风险体现在以下三个方面。

1. 交易风险

交易风险是指在国际交易中,汇率波动导致以外币计价的应收或应付款项在兑换成本币时价值发生变化的风险。

2. 会计风险

会计风险指的是企业在财务报告和会计核算过程中,内外部因素的不确定性导致财务报表不能准确反映企业财务状况和经营成果的风险。这种风险可能源于会计政策的选择、会计估计的不确定性、会计处理的错误、外部监管政策的变化、会计信息系统的不完善等多种因素。

3. 经济风险

经济风险也称为“宏观风险”或“市场风险”,是指宏观经济因素的波动,如国内生产总值(gross domestic product, GDP)增长率变动、通货膨胀率变动、利率变动、汇率变化、政府政策变动等,对企业运营、投资回报或市场价值产生负面影响的风险。

（三）股票风险

股票风险是指投资者在持有股票时可能面临的价值损失风险。这种风险主要源于股票市场价格的波动性。股票风险可以分为系统性风险和非系统性风险。

系统性风险，是指由影响整个市场或整个经济系统的因素引发的风险，这些因素包括宏观经济变化、政治事件、大规模自然灾害、全球金融危机等。系统性风险是不可避免的，因为它们是由整体市场或经济环境的变化引起的，而不仅仅是个别公司或资产的问题。

非系统性风险，是指发生于个别公司的特有事件造成的风险，即纯粹由个股自身的因素引起的个股价格变化以及这种变化导致的个股收益率的不确定性。特有事件包括工人罢工、新产品开发失败、重要的销售合同流失、诉讼失败等。这类事件是非预期的、随机发生的，它只影响一个或少数公司，不会对整个市场产生太大的影响。

（四）商品风险

商品风险是指商品市场价格的不确定性给企业的物质商品资产带来的收益或损失。它涉及商品价格的波动，这些波动可能由供给和需求的变化、宏观经济因素、政治事件、政策变动、季节性因素或突发事件等多种因素引起。

商品风险可以分为直接商品价格风险和间接商品价格风险。直接商品价格风险是指当企业的资产或负债中存在物质商品形态时，这些商品的市场价格的变动直接对企业的资产价值产生的影响；而间接商品价格风险则是指商品价格的非确定性波动给那些不直接生产和消费风险性商品的企业带来的风险收益或损失。

三、市场风险的特征

从市场风险的特征着眼，有助于更好地认识什么是风险。市场风险具有以下主要特征。

（一）高度不确定性

市场风险的核心特征在于其高度不确定性，这涉及金融市场中各种变量（如股票价格、利率、汇率及商品价格等）的未来变动。这些变动受到经济指标、政治决策、全球事件、市场心理和供需关系等多种复杂因素的影响。由于这些因素的不可预见性和多变性，市场风险可能导致资产价值的波动，从而给投资者带来潜在的经济损失。这种风险是系统性的，通常被认为是不可避免的，但可以通过风险管理策略来减轻其影响。

（二）实时变化性

金融市场中的相关变量，如股票价格、利率、汇率和商品价格等，会随着市场信息的更新而不断波动。这种实时变化性是由全球经济活动、政治事件、市场情绪、投资者行为、技术进步和监管变动等多种因素驱动的。由于市场是动态的，风险水平也随之实时变化，因而投资者和风险管理者必须持续监控市场动态，以便及时做出反应，采取相应的风险管理措施。

（三）双侧波动性

市场风险的双侧波动性特征指的是金融市场中资产价格既可能上升也可能下降，从而导致潜在的盈利或亏损。这种波动性不受单一因素控制，而是由多种不确定因素（包括宏观经济状况、市场供需关系、政治事件、投资者心理以及政策变动等）共同作用的结果。由于这些因素的复杂性和不可预测性，市场风险的双侧波动性要求投资者和金融机构必须对潜在的市场变动保持警惕，并采取适当的风险管理措施来应对可能的损失。

（四）数据充分性

金融市场具备大量的历史数据和实时信息，为风险评估和管理提供了丰富的数据支持。这些数据包括价格、交易量、市场指数、宏观经济指标等，它们是评估市场波动性和预测未来市场走势的关键。然而，尽管数据丰富，市场风险的预测仍然充满挑战，因为市场受多种复杂和不可预测的因素影响，如政策变动、突发事件等。因此，尽管数据充分性为市场风险分析提供了基础，但风险管理还须结合定性分析和前瞻性判断。

学中做，做中学

在选择购房贷款时，你会如何考虑利率风险？

"学中做，做中学"参考答案

第二节 市场风险度量

引导案例

硅谷银行（Silicon Valley Bank，SVB）创立于1983年，是硅谷银行金融集团的子公司，主要服务于私募股权投资（PE）/风险投资（VC）、科技类创投公司，以及这些公司的员工等高净值个人客户，其业务模式为向早期科创企业发放贷款，通过协议获得企业部分认股权或期权，由母公司硅谷银行金融集团持有股权或期权，在企业上市或被并购时行使期权，获得资本增值。

2020—2022年3月上旬，美联储为应对疫情，大幅降息至零利率并启动非常规的量化宽松计划，受益于宽裕的流动性，硅谷银行存款规模迅速增长。截至2022年末，硅谷银行存款达到1 731亿美元，较2020年增长711亿美元，而同期贷款仅增长了289亿美元。硅谷银行用富余资金进行了大量证券投资，截至2022年末，总资产中35%为贷款、57%为证券投资。为了获得较高的收益，硅谷银行配置了期限较长的证券投资，平均期限为5年，其中10年以上的美债占比超30%。

但是，令硅谷银行始料未及的是，为了抑制通胀，美联储从2022年3月下旬开始采取激进的加息政策，短短一年内累计加息幅度达到425 BP，证券投资出现巨额浮亏，截至2022

年末，未确认损失已超过其所有者权益。

在市场流动性危机方面，硅谷银行面临严峻挑战。为了应对科创企业大量提现带来的流动性缺口，该银行不得不选择出售资产组合。然而，由于同期利率已处于高位，资产出售反而造成了更大的损失。随后，硅谷银行试图通过市场再融资来缓解压力，但市场担忧情绪加剧，导致更多存款提现和做空行为出现，最终引发了市场流动性危机的全面爆发。

资料来源：沈若骎.硅谷银行事件对中小银行的启示[J].现代商业银行，2024(15)：78-83.(有改动)

案例讨论

(1) 硅谷银行破产给金融企业在市场管理方面带来哪些启示？

(2) 结合案例谈谈企业应如何进行有效的市场风险度量和管理？

案例讨论参考答案

市场风险度量和管理是企业稳健运营的基石。在市场竞争日益激烈、消费者权益意识不断增强的今天，企业必须建立起一套科学、系统的市场风险度量和管理机制。那么，怎样进行市场风险的度量？

一、市场风险度量方法的演变

市场风险度量是指使用统计和数学工具来量化金融资产或投资组合在市场变量波动下价值变化的不确定性和潜在损失的可能性。它旨在为投资者、金融机构和监管者提供一个框架，以评估和管理市场风险。

金融市场风险度量方法的演变经历了从简单到复杂、从静态到动态的过程。最初，风险管理主要依赖名义量分析，关注单一金融工具的损益。随后，敏感性分析成为主流，它通过衡量关键市场参数(如利率、汇率)变化对金融产品价值的影响来评估市场风险。

流动性分析进一步扩展了风险度量的视野，它关注资产转换为现金的能力及其对价格的影响。进入20世纪90年代，在险价值模型引发了革命，它通过统计方法估计在一定置信水平下一定时间内可能发生的最大规模损失，成为金融行业风险管理的里程碑。

然而，VaR模型的局限性促使研究者探索更先进的方法。压力测试作为一种补充手段，通过模拟极端市场情况来评估潜在风险。随着金融工程和信息技术的进步，风险度量方法也在不断地向更精细化、动态化的方向发展，以适应日益复杂的金融市场和产品。这些方法包括极值理论、基于动态资产定价理论的风险度量模型等。这些先进的风险度量技术为金融机构提供了更为精确的风险管理工具，帮助它们在不断变化的市场环境中做出更好的决策。

二、传统市场风险的度量方法

(一) 敏感性分析

敏感性分析是一种定量风险评估方法，用于衡量某一模型(如财务模型、投资组合模型或风险管理模型)的输出结果对输入参数变化的敏感程度，比如在股票风险的敏感性分析中，β系数法衡量了股票相对于市场整体波动的敏感性；债券的久期和凸性分析法则揭示了利率变动对债券价格的影响。这些分析方法的核心目标是识别关键风险驱动因素，即在众多不确定性变量中，找出哪些变量对结果影响最大，从而优化决策或制定风险对冲策略。

1. 股票风险的敏感性分析：β 系数法

β 系数也称为“贝塔系数”，是一种风险指数，用来衡量个别股票或股票基金相对于整个股市的价格波动情况。

β 系数是统计学上的概念，它所反映的是某一投资对象相对于大盘的表现情况。其绝对值越大，显示其收益收益变化幅度相对于大盘的变化幅度越大；绝对值越小，显示其收益变化幅度相对于大盘越小。具体而言，全体市场本身的 β 系数为 1。若基金投资组合净值的波动大于全体市场的波动幅度，则 β 系数大于 1；反之，若基金投资组合净值的波动小于全体市场的波动幅度，则 β 系数就小于 1。β 系数大的证券，通常是投机性较强的证券。

资本资产定价模型（CAPM）是金融学中用于衡量资产预期收益与风险关系的经典理论，由威廉·夏普（William Sharpe）等人在 20 世纪 60 年代提出。它通过量化系统性风险与预期收益率的关系，为投资决策提供理论依据。CAPM 模型的一般表达式为

$$E(r_i)=r_f+\beta_i[E(r_M)-r_f]$$

其中，$E(r_i)$ 是股票 i 的预期收益率；$E(r_M)$ 为股票市场组合的预期收益率，为无风险利率；r_f 为股票 i 的 β 值，它反映了股票 i 和整个股票市场的共同趋势，是股票 i 的系统性风险的一种度量指标；$\beta_i=\sigma_{iM}/\sigma_M^2$；$\beta_i$ 值度量了股票预期收益率变动随市场组合收益率变动的敏感性，系数越大，表示相关股票 i 随市场收益变化的风险也就越大。

从理论上说，CAPM 模型是建立在一系列严格的假设前提下的均衡模型。其假设前提是市场完备、信息无成本、资产可分割、投资者厌恶风险、投资者对收益具有共同期望、投资者按无风险资产收益率自由借贷等。

2. 债券风险的敏感性分析：久期和凸性分析法

债券的久期主要用于度量其价格对利率水平微小变化的敏感性。

$$\bar{r}=r+\mathrm{d}r$$

$$P=P+\mathrm{d}P$$

$$Duration=-\frac{1}{P}\frac{\mathrm{d}P}{\mathrm{d}r}$$

其中，r 是初始利率；$\bar{r}$是变化后的利率；P 是初始债券价格；$\bar{P}$是随利率变化后的债券价格；$\mathrm{d}r$ 是利率水平的微小变化；$\mathrm{d}P$ 是债券价格的相应变化；$Duration$ 是久期。

对公式进行一系列数学计算，可得债券价格的变化为

$$\mathrm{d}P=-D\times P\times \mathrm{d}r$$

其中，D 为债券价格变化的比率，即利率下降 1%，债券价格上升 D%。

久期可以帮助投资者评估利率变动对债券价格的影响。久期越长，债券价格对利率变动的敏感性越高，即利率上升时，债券价格下降的幅度越大；利率下降时，债券价格上升的幅度也越大。因此，久期是固定收益投资者重要的风险管理工具。此外，还有修正久期的概念，它对原始久期进行了调整，以更精确地衡量债券价格对利率变动的敏感性。

当利率变动幅度较大时，用久期来衡量利率风险存在比较明显的误差。久期是在线性近似的基础上计算得出的，它假设利率变化时，债券的现金流贴现值变化是线性的。然而，在实际市场中，利率的变化往往是非线性的，特别是在利率发生大幅度波动时，这种非线性特征更为明显。因此，为了更准确地衡量大幅度利率变动下的利率风险，投资者和风险管理

者通常会结合使用久期和凸性。凸性提供了对债券价格与利率之间非线性关系的额外度量,可以帮助修正久期的线性近似,从而更全面地评估债券的利率风险。凸性的本质衡量了债券价格对收益率二阶导数的相对值,它反映了修正久期本身如何随收益率变化而变化,其数学定义为

$$conrexity = \frac{1}{p} \times \frac{d^2 p}{dy^2}$$

其中,p 为债券当前价格;y 为债券的到期收益率;$\frac{d^2 p}{dy^2}$为债券价格对收益率的二阶导数。

(二) 波动性分析

波动性分析是金融领域用于量化和评估金融资产价格变动不确定性的一种方法。它涉及对资产价格波动的统计测量,通常通过计算价格变化的标准差或方差来实现。波动性分析的目的在于帮助投资者和风险管理者了解资产价格的潜在风险,并据此制定投资决策和风险管理策略。

对于包含 n 种资产的投资组合,其波动性(方差)分析公式为

$$\sigma^2(r_p) = \sum_{i=1}^{n} w_i^2 \sigma_i^2 + 2 \sum_{0 \leqslant i \leqslant j \leqslant n} w_i w_j \sigma_i \sigma_j \rho_{ij}$$

其中,$\sigma^2(r_p)$为这一投资组合中的总体风险;r_p 为该投资组合的收益;w_i、w_j 分别为第 i 种、第 j 种资产的权重;σ_i、σ_j 分别为第 i 种、第 j 种资产的方差;ρ_{ij}为相关系数。

三、现代市场风险的度量方法

(一) 在险价值 (VaR) 方法

VaR 是指在金融市场的正常波动下,某一金融资产或有价证券组合的最大可能损失。在进行公式计算时,VaR 模型假设资产的回报是线性的,即资产价格的变动与时间成线性关系。假设资产收益率呈正态分布,收益率在各个时间点上是独立同分布的,即每个时间点的收益率具有相同的分布,并且不受其他时间点收益率的影响。同时,VaR 模型认为市场条件是正常的,没有极端市场事件或金融危机的影响,模型能够准确捕捉资产价格的变动,通常也不考虑流动性风险。

VaR 的公式可以表示为

$$\text{VaR} = -\sum (Pi \times Ri) + Z\alpha \times \sigma(R)$$

其中,Pi 为资产在不同情况下的损失额;Ri 为不同情况下的损失率;$Z\alpha$ 为正态分布的置信水平 $\alpha\sigma$ 的分位数;$\sigma(R)$为资产收益率的标准差。

在险价值方法是一种重要的风险度量工具,用于估计在一定置信水平和特定时间段内,投资组合可能遭受的最大潜在损失。其优势在于简洁性(提供单一数值便于理解和报告)、综合性(可综合考虑多种市场风险因素),以及广泛适用性(适用于多种资产和市场环境)。

然而,VaR 也存在劣势。首先,它无法反映尾部风险,即超过置信水平的极端损失;其次,VaR 的计算依赖假设,如果假设不准确,可能导致风险低估或高估;此外,VaR 缺乏次可

加性,即组合的 VaR 可能大于各部分 VaR 之和,这与风险分散化原理相悖。

（二）极值理论（EVT）

极值理论(extreme value theory, EVT)是处理与概率分布的中值相离极大的情况的理论,常用来分析小概率的罕见灾难,如百年一遇的水灾、地震等,在风险管理和可靠性研究中有普遍运用。广义极值(generalized extreme value, GEV)分布是极值理论中极为重要的模型,它可以捕捉到随机变量尾部的行为。GEV 分布具有三个参数:位置参数(μ)、尺度参数(σ)和形状参数(ξ)。根据形状参数的不同,GEV 分布可以退化为耿贝尔(Gumbel)分布、韦布尔(Weibull)分布等其他几种特定的极值分布。

极值理论模型是评估极端事件风险的重要工具。极值理论在风险管理中的应用具有显著的优点,包括能够提供对极端事件尾部风险的深入洞察,不依赖对整个数据分布的假设,从而增强了对罕见事件预测的灵活性和准确性。然而,EVT 方法也存在一些局限性,如在实际应用中选择合适的阈值进行 POT(peak over threshold,是一种用于分析和预测极端事件的统计方法)分析可能具有挑战性,且对于数据量较少的情况,模型的稳定性和可靠性可能会受到影响。此外,EVT 方法的参数估计可能较为复杂,需要专业的统计知识和技能。尽管如此,EVT 方法因其在评估和管理极端风险方面的独特价值,已成为金融和保险行业不可或缺的工具之一。

第三节　市场风险合规管理运作与方法

引导案例

某国际大型银行在实施《巴塞尔协议Ⅲ》市场风险新监管标准时,面临了将金融工具准确划分至银行账簿或交易账簿的挑战。根据新规,银行必须严格遵守"以交易为目的"的原则来划分金融工具。同时,新规为内部风险转移和金融工具重新分类的资本处理提供了明确指导。该银行通过建立跨部门专项工作组,对现有流程进行了全面审查和必要的调整,确保了金融工具的分类和管理与国际标准一致。

案例讨论

在新监管标准下,银行如何确保其内部风险转移和金融工具重新分类的资本处理既符合监管要求又能维持银行业务的灵活性?

案例讨论参考答案

一、市场风险合规管理框架

市场风险合规管理框架是金融机构为确保符合监管要求,有效识别、评估、监测和控制市场风险而建立的一套完整体系。该框架应与机构的业务性质、规模和复杂程度相适应,确保其完善性和可靠性。

该框架应从董事会层面的监督开始，确保企业战略与市场风险管理相协调，并通过管理委员会和领导小组来实施具体的风险管理措施。此外，需要明确风险管理职责，覆盖从识别、评估到监控和报告市场风险的全流程，同时确保所有操作遵循良好实验室规范（GLP）、药物临床试验管理规范（GCP）等国际标准。企业还应建立跨部门的沟通机制，以促进信息流通和知识共享，最终通过高效的数据收集与报送系统，实现对市场风险的实时监控和快速响应，满足监管要求并保护投资者利益。

在市场风险管理的三道防线模型中，第一道防线由各职能部门构成，它们负责日常的市场风险监控和管理，确保业务活动与既定风险承受度相符。第二道防线是风险管理部门，它独立于业务部门，负责全面的风险评估、监测和报告，提供风险量化分析，并确保风险管理策略的有效性。第三道防线是内部审计部门，它通过定期审计来验证风险管理体系的完整性和有效性，提供独立的风险管理评估。

同时，风险管理委员会、审计委员会、提名与薪酬委员会，以及战略与管理委员会等跨部门委员会在提供战略指导、监督和审查风险管理流程方面发挥关键作用。这些委员会确保风险管理与公司的整体战略相一致，同时促进风险管理活动的透明度和责任性。通过这种分层管理，公司能够更有效地识别、评估、监控和缓解市场风险，从而保护公司资产和股东利益。

二、市场风险合规管理的基本流程

市场风险合规管理的流程是金融机构识别、评估、监测和控制市场风险的系统性方法。金融机构所承担的市场风险应与资本实力相匹配。市场风险内部模型必须整合到业务管理流程中，参照内部模型和风险计量系统结果，结合管理经验，才能科学决策。因此，整个流程通常分为以下三个关键步骤。

（一）确定市场风险预算

市场风险预算是金融机构董事会及高级管理层设定的，用于确定在一定时间范围内（通常是一年）可以承受的市场风险带来的损失水平。这一概念涉及两种关键的风险控制策略：止损约束和头寸约束。止损约束主要针对现有头寸相对于基准组合的累计损失进行控制，它依据盯市规则来限制损失，以避免过度偏离既定的投资目标。而头寸约束则着眼于对未来市场价格不利变动所可能导致的潜在损失进行控制，通过设置头寸限额来确保风险水平与机构的风险承受能力相匹配。

（二）设置市场风险限额

市场风险限额的设置是一个细致的流程，它开始于风险概念的定义和风险战略的制定。随后，进行风险预算的分配和止损限额的设定，同时确立风险分析和计量的具体方法。基于这些方法，风险管理部门将执行风险评估，并据此设定限额。此外，还须设定风险报告路径，以确保风险信息的透明和及时传递。

在此过程中，银行应建立一级和二级限额体系。其中，一级限额包括对每类资产适用的风险限额、压力测试限额和最高限额的累积损失，而二级限额则侧重于具体的市场或货币工具，包括已审批的限额。这样的分层限额体系有助于银行从宏观到微观各个层面系统地控制和管理风险。

（三）市场风险监测与报告

市场风险监测与报告是市场风险合规管理的核心组成部分，其目的是确保风险信息的透明度和及时性，以便于管理层能够做出明智的决策。风险报告体系应遵循独立性、可靠性、时效性、恰当性和有效性的原则，以保障报告的质量和实用性。

风险报告的内容应全面覆盖市场风险的各个方面，包括但不限于按业务、部门、地区和风险类别统计的市场风险头寸、头寸的结构分析、盈亏情况、风险管理方法和程序的变更、政策和程序的遵守情况、限额遵守情况及超限额处理、事后检验和压力测试、审计情况、经济资本分配、改进建议，以及其他相关情况。这些内容为管理层提供了一个全面的市场风险视图，使其能够及时识别问题并采取行动。

至于风险报告的路径和频度，应根据市场条件和内部政策而定。在正常市场环境下，可以设定每周向高级管理层报告的常规频率。在市场剧烈波动时，应实施实时报告机制，确保管理层能够迅速响应市场变化。此外，后台和前台的头寸报告应每日提供，并确保相关记录得到妥善存档和保管。风险值和限额报告则须在每日交易结束后尽快完成，以便于及时监控风险水平和合规状况。

最后，风险管理部门应具备根据高级管理层或决策部门的特定需求随时提供定制化风险分析报告的能力。这种能力对于辅助管理层进行战略规划和应急决策至关重要。通过这样的监测与报告机制，金融机构能够确保风险管理的连续性和适应性，有效应对市场风险的挑战。

三、市场风险合规管理的控制方法

（一）限额管理法

限额管理法是一种风险控制手段，旨在通过设定风险限额来确保金融机构的市场风险水平与自身的风险承受能力相匹配。这种方法涉及对潜在风险的识别、评估和量化，然后根据金融机构的风险管理策略和风险偏好，制定相应的限额指标。

限额管理的实施通常包括以下几个阶段：首先，进行全面风险计量，利用信息系统收集所需数据；其次，运用资产组合分析模型，如 VaR 或压力测试模型，来评估不同市场情况下的风险敞口；最后，根据风险偏好设定风险限额，并持续监控市场风险水平，确保其不超过既定的限额。

市场风险限额包括资本限额、VaR 限额、止损限额等，每种限额针对不同的风险类型或投资组合特性。此外，风险管理过程还包括定期的风险报告和限额调整，以响应市场变化和金融机构战略的更新。通过这种系统化的风险管理方法，金融机构能够有效地控制市场风险，保护自身资产安全和财务稳定。

（二）市场风险对冲

市场风险对冲是金融机构用来降低或消除市场变量（如利率、汇率、股票价格和商品价格）波动对其财务状况影响的一系列策略和技术。这种风险管理方法旨在通过各种手段减少市场风险对公司价值的负面影响。

市场风险对冲可以分为表内对冲和表外对冲两种形式。表内对冲，也称为“配对管理”，旨在通过资产和负债的有效搭配，实现风险免疫。这意味着金融机构通过匹配资产和负债的敏感度，使得市场的不利变动能够被另一方的相反变动所抵消，从而缩小净风险敞口。表外对冲则涉及使用金融衍生工具，如期货、期权、掉期等，来对冲市场风险。这些金融衍生工具提供了多样化的构造方式和灵活的交易特性，使得金融机构能够更加精确地对冲特定的风险敞口。然而，金融衍生工具的使用也带来了新的风险，包括交易对手的信用风险、市场流动性风险及潜在的市场误判风险。因此，在使用表外对冲策略时，金融机构必须谨慎评估和管理这些风险。

市场风险对冲的操作方法包括识别和量化风险敞口，选择合适的对冲工具，制定对冲策略，并持续监控和调整对冲头寸以应对市场变化。此外，还需要建立有效的内部控制和审计流程，确保对冲活动与公司的风险管理政策和目标一致，并且符合监管要求。通过这些方法，金融机构能够在市场波动中保持稳定性，保护自身的投资组合价值和股东权益。

（三）经济资本配置

经济资本配置是指金融机构为了抵御市场风险而分配的资本总额，它反映了金融机构对潜在损失的财务准备和风险承担能力。这种资本配置方法不仅涉及风险管理，也是金融机构平衡风险和收益的关键策略。

经济资本配置主要分为自上而下法和自下而上法。自上而下法侧重于从金融机构整体的风险偏好和资本规划出发，制定市场风险管理的战略规划。这种方法通常由高层管理人员决策，基于金融机构整体的风险承受能力和业务目标，决定各业务单位或产品线的经济资本分配。自下而上法则更侧重于具体业务层面的风险评估，通常用于当期绩效考核。在这种方法中，经济资本的配置基于对各业务单位或产品线市场风险的具体分析，通过量化风险敞口来确定所需的资本量。

经济资本配置的操作方法要求金融机构首先进行市场风险的识别和评估，然后根据风险的大小和性质，结合金融机构的风险管理策略和资本规划，采用适当的方法进行资本分配。在实施过程中，金融机构须建立相应的决策流程和机制，确保资本分配的合理性和有效性。同时，金融机构还应定期对经济资本配置的效果进行评估和调整，以适应市场变化和金融机构风险管理的需要。通过经济资本的合理配置，金融机构能够更有效地管理市场风险，保护自身免受不利市场变动的影响。

本章习题

一、单项选择题

1. 系统风险的主要特点不包括(　　)。
   A. 广泛影响　B. 可分散性　C. 不可预测性　D. 市场整体性
2. 外汇风险中的交易风险是由于(　　)产生的。
   A. 汇率波动　B. 政治变动　C. 经济数据变化　D. 市场预期变化
3. 市场风险中的利率风险不包括(　　)。
   A. 重新定价风险　B. 收益率曲线风险
   C. 信用风险　D. 基准风险
4. 市场风险的实时变化性要求投资者和风险管理者(　　)。
   A. 持续监控市场动态　B. 仅关注长期趋势
   C. 仅依赖历史数据　D. 忽略市场新闻
5. (　　)是指对按照一定的计量方法所计量的市场风险设定的限额。
   A. 交易限额　B. 风险限额　C. 止损限额　D. 敏感度限额
6. 在市场风险管理的三道防线模型中,(　　)不是第一道防线的职责。
   A. 日常的市场风险监控和管理　B. 确保业务活动与风险承受度相符
   C. 提供风险量化分析　D. 确保风险管理策略的创新性
7. 在金融市场风险测量方法的演变过程中,(　　)是金融行业风险管理的里程碑。
   A. 敏感性分析模型　B. VaR 模型
   C. GARCH 模型　D. 极值理论模型
8. 市场风险管理的三道防线模型中,第一道防线由(　　)构成。
   A. 各职能部门　B. 风险管理部门
   C. 内部审计部门　D. 合规部门
9. 经济资本配置的分类中,自上而下法侧重于(　　)。
   A. 整体的风险偏好　B. 具体业务层面的风险评估
   C. 市场风险的识别和评估　D. 风险管理策略和资本规划
10. 广义极值分布是极值理论中的一个重要模型,它包括(　　)。
    A. 位置参数 μ　B. 尺度参数 σ　C. 形状参数 ξ　D. 以上所有选项

二、多项选择题

1. 市场风险包括(　　)。
   A. 利率风险　B. 外汇风险　C. 股票风险　D. 商品风险
2. 利率风险按照来源的不同,可以分为(　　)。
   A. 收益率曲线风险　B. 重新定价风险　C. 基准风险
   D. 期权性风险　E. 价格风险

3. 市场风险的度量方法可能包括(　　)。

A. 在险价值　B. 压力测试　C. 敏感性分析　D. 信用评分模型

4. 波动性分析方法的目的包括(　　)。

A. 量化金融资产价格变动的不确定性　B. 帮助投资者了解资产价格的潜在风险

C. 制定投资决策和风险管理策略　D. 增加资产价格的波动性

5. 常用的市场风险限额包括(　　)。

A. 交易限额　B. 资本限额　C. 风险限额

D. 止损限额　E. 敏感度限额

6. 市场风险管理的三道防线模型包括(　　)。

A. 各职能部门构成的第一道防线　B. 风险管理部门构成的第二道防线

C. 内部审计部门构成的第三道防线　D. 合规部门构成的第四道防线

7. 敏感性分析方法包括(　　)。

A. 股票风险的 β 系数法　B. 债券风险的久期和凸性分析法

C. 期权风险的希腊字母法　D. 汇率风险的回归模型分析

8. 限额管理法的实施阶段包括(　　)。

A. 全面风险计量　B. 资产组合分析模型的应用

C. 风险限额设定　D. 风险报告和限额调整

9. 经济资本配置主要分为(　　)。

A. 自上而下法　B. 自下而上法

C. 风险限额设定　D. 风险报告和限额调整

10. 影响远期外汇价格变动的市场因素包括(　　)。

A. 利率波动性　B. 汇率波动性　C. 汇率

D. 本国利率　E. 国外利率

三、判断题

1. 广义的市场风险是指金融机构在金融市场的交易头寸由于市场价格因素的不利变动而可能遭受的损失。(　　)

2. 利率风险是市场利率变动的不确定性给金融机构带来收益的可能性。(　　)

3. 在市场风险度量中,波动性分析方法的目的是量化和评估金融资产价格变动的不确定性。(　　)

4. 如果银行以短期存款作为长期固定利率贷款的资金来源,那么当利率上升时,贷款的利息收入仍然是固定的,但存款的利息支出会随着利率的上升而增加,从而使银行的未来收益减少,经济价值降低。(　　)

5. 一般而言,期权赋予其持有者买入、卖出或以某种方式改变某一金融工具或金融合同的现金流量的义务,而非权利。(　　)

6. 市场风险对冲的方法不包括表外对冲。(　　)

7. 市场风险限额设置流程的第一步是风险战略的制定。(　　)

8. 系统风险是由影响整个市场或整个经济系统的因素引起的风险,它是不可避免的。(　　)

9. 市场风险的表内对冲又叫自我对冲,即通过资产负债结构的有效搭配,使金融机构处于风险免疫状态。(　　)

10. 市场风险的数据充分性意味着市场风险的预测是直接且无误的。(　　)

四、简答题

1. 简述市场风险的分类。
2. 简述传统市场风险度量的方法。
3. 简述市场风险控制的基本方法。
4. 简述在险价值方法的优劣势。
5. 简述市场风险合规管理的控制方法。

五、案例分析题

某大型跨国公司在新兴市场国家设立了分支机构,并计划推出一款新的金融衍生产品,该产品基于当地货币对冲汇率风险。然而,近期该新兴市场国家出现了政治不稳定,导致金融市场波动加剧,汇率波动性增加。同时,该国监管机构对金融衍生产品的监管政策尚未完全明确,存在潜在的合规风险。

作为该公司市场风险与合规管理部门的负责人,你将如何评估和管理这款金融衍生产品的市场风险?

第六章

操作风险合规管理

学习目标

知识目标

● 理解操作风险的定义、特征和类型。

● 掌握操作风险的度量方法和合规管理流程。

● 了解操作风险合规管理的原则和组织。

能力目标

● 通过对操作风险与合规管理理论的学习，能结合实际提升分析操作风险的专业能力与素养，培养识别风险的专业技能。

思政目标

● 培养爱国情怀、社会责任感和使命感，树立金融安全大局意识和法治意识，养成良好的职业道德，提升专业能力，培养正确的金钱观。

学习重点

● 操作风险的定义、特征和类型。

● 操作风险的度量方法和操作风险合规管理流程。

内容结构

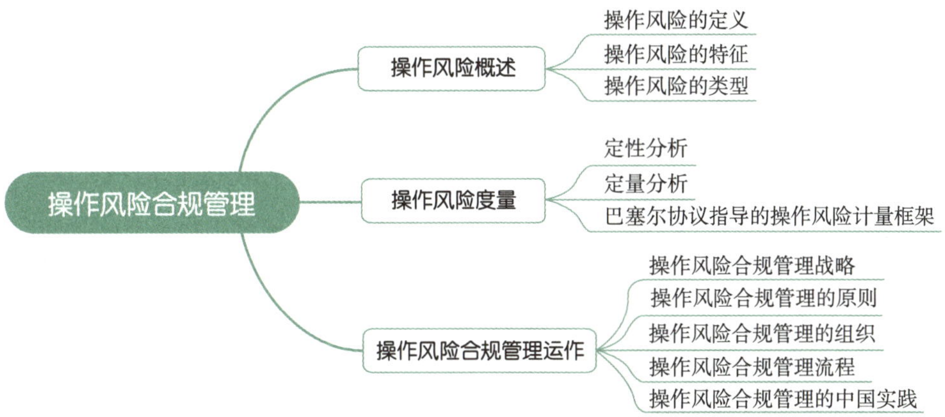

第一节　操作风险概述

引导案例

1994年下半年,巴林银行驻新加坡巴林期货公司总经理、首席交易员、"天才交易员"尼克·李森大量买进日经225指数期货合约和看涨期权。1995年1月17日,日本关西大地震,股市暴跌,李森持有的头寸损失巨大。李森为了反败为胜,再次大量补仓日经225指数期货合约和利率期货合约。1995年2月26日,英格兰银行宣告巴林银行破产。

案例讨论

(1) 本案例中,尼克·李森的行为导致巴林银行破产,这是金融风险中的什么风险?

(2) 试讨论分析产生这种风险的原因有哪些。

(3) 本案例给予我们的启示有哪些?

案例讨论参考答案

上述案例告诉我们,生活中处处存在着操作风险,那么,什么是操作风险呢?

一、操作风险的定义

1993年,全球衍生品研究小组将操作风险定义为"由控制和系统的不完善、人为错误或管理不当所导致损失的风险"。

1997年,英国银行家协会将操作风险定义为"由内部程序、人员、系统的不完善或失误或外部事件造成直接或间接损失的风险,应包含文件风险和法律风险,但不包含声誉风险"。此后,全球风险专业人士协会提出,"操作风险是与业务操作相联系的风险,包括操作失败风险和操作战略风险"。

2004年,《巴塞尔协议Ⅱ》将操作风险定义为"由有缺陷的或失效的内部程序、人员和系统或外部事件所造成损失的风险,包含法律风险,但不包含战略风险和声誉风险"。

2007年,中国银监会将操作风险定义为"由不完善或有问题的内部程序、员工和信息科技系统,以及外部事件所造成损失的风险。本定义所指操作风险包括法律风险,但不包括策略风险和声誉风险"。

总体来看,操作风险是指由人为失误以及系统或控制的失败所导致的收入或现金流的减少。

二、操作风险的特征

(1) 风险来源以内生为主。绝大部分操作风险都来自金融机构的内部业务操作失误、内部系统失灵、内部人员控制和制度失效等,只有很少一部分来源于外部欺诈、自然灾害等。

(2) 操作风险的范围广泛,具有普遍性。

(3) 风险与收益的不对称性。操作风险产生于内部控制行为,是一种纯粹的风险。

(4) 操作风险损失数据呈现厚尾特征。由于大部分操作风险事件属于高频率/低损失类型,只有极少数操作风险事件属于低频率/高损失类型,在损失数据的统计结果中极端值出现的概率要比正态分布数据出现极端值的概率大,该现象即厚尾。

三、操作风险的类型

(一)巴塞尔委员会对操作风险的分类

根据巴塞尔委员会对操作风险的定义中对造成操作风险损失原因的表述,可以把操作风险分为人员因素导致的操作风险、内部程序因素导致的操作风险、系统因素导致的操作风险和外部因素导致的操作风险四类。

按照事件类型,巴塞尔委员会将损失事件分为内部欺诈,外部欺诈,就业政策和工作场所安全性,客户及产品相关的商业风险,实体资产损坏,业务中断与系统出错,执行、交割与交易过程管理出错等七大类,见表6-1-1。

表6-1-1 巴塞尔委员会对操作风险的分类

操作风险类型	具体定义
内部欺诈	指有机构内部员工参与的欺诈。广义的内部欺诈包括诈骗、盗用公司资产、违反公司规章制度等行为
外部欺诈	第三方的广义欺诈行为
就业政策和工作场所安全性	由员工履职不恰当或工作过程管理不善、环境不达标引发的风险

续表

操作风险类型	具体定义
客户及产品相关的商业风险	由与客户的矛盾、产品设计和质量不合格引发的风险
实物资产损坏	由自然灾害等外部事件引发的资产物理损坏
业务中断与系统出错	由软硬件失误、通信或设备问题引起的损失
执行、交割与交易过程管理出错	由交易数据输入错误、未按程序规定操作等行为造成的损失

从金融机构的操作风险管理实践来看，上述七大类风险通常可以整合为以下五大类常见风险。

（1）欺诈风险：包括内部欺诈和外部欺诈。

（2）网络风险：包括业务中断与系统出错和部分内部、外部欺诈。

（3）合规风险：包括客户及产品相关的商业风险和执行、交割与交易过程管理出错。

（4）雇佣风险：包括雇佣合同以及工作环境和部分执行、交割与交易过程管理出错的风险。

（5）资产风险：包括实物资产损坏，典型的如自然灾害造成的直接损失。

【案例 6-1-1】　2013 年 8 月 16 日 11 时后，A 股出现大幅异动，短时间内涨幅一度达 3.19%，多只大盘蓝筹股瞬间触及涨停。14 时 26 分，光大证券发布公告称，当天上午其策略投资部门自营业务在使用其独立的套利系统时出现问题。

资料来源：证券日报.光大证券"乌龙指"震惊 A 股[EB/OL].(2013-08-24)[2025-02-22].https://finance.eastmoney.com/a/20130824317627797.html.(有改动)

案例讨论

（1）本案例中产生了什么类型的风险？

（2）结合你的理解，谈谈该风险产生的原因和从中得到的启示。

案例讨论参考答案

☞ 知识拓展

操作风险与市场风险、信用风险的区别（表 6-1-2）

表 6-1-2　操作风险与市场风险、信用风险的区别

对比项目	操作风险	市场风险	信用风险
发展阶段	起始阶段	成熟阶段	成熟阶段
诱发因素	与整个金融机构有关	仅与市场变化等因素有关	仅与交易对手等因素有关
损失程度	可能对一个金融机构造成致命打击	最大损失限度是在某一市场投入的全部资金	最大损失限度是交易金额
损失计量	直接与间接损失	直接损失	直接损失
计量数据	有效数据较少	数据库相对完整	数据库相对完整
与员工关系	与每一个员工有关	关系不大	关系不大

（二）按照操作风险发生的频率及损失的程度分类

操作风险发生的频率指一定时间内操作风险损失事件发生的数目，操作风险损失的程度指操作风险事件发生导致的影响。按照这种思路，可以把操作风险分为低频率/低损失、低频率/高损失、高频率/低损失、高频率/高损失四种类型；还可以把频率分为低频率、中频率、高频率三类，把损失分为低损失、中损失、高损失三类，由此得到九种操作风险类型。

学中做，做中学

某银行因系统升级导致自动取款机（ATM）连续3天无法取现，客户投诉激增；同时，一名柜员误将客户100万元汇款转入错误账户，引发法律纠纷。

（1）识别上述场景中的操作风险事件类型（参考《巴塞尔协议》分类）。

（2）分析风险成因并提出至少2条改进措施。

"学中做，做中学"
参考答案

第二节　操作风险度量

一、定性分析

定性分析常采用的方法有自我评估法、关键风险指标法和计分卡法。

（一）自我评估法

自我评估法是金融机构识别和评估潜在操作风险以及自身业务活动的控制措施、适当程度及有效性的操作风险管理工具。

自我评估法涵盖了金融机构的所有业务部门，在产品线层次上展开，包括每个产品线的每个流程中的固有风险、控制风险和剩余风险。其中，固有风险是指在没有任何管理控制措施的情况下，经营管理过程本身所存在的风险；控制风险是指对操作风险没有采取良好的内部控制或内部控制无效，致使经营活动中的操作风险不能被及时发现而造成损失；剩余风险是指在实施了旨在改变风险可能性和影响强度的管理控制活动后仍然留存的风险。

自我评估法通常的做法是通过调查问卷、系统性检查或公开讨论的方式，利用金融机构内部人员及外部专家的专业知识和从业经验识别与评估操作风险事件。具体方法包括：

（1）调查问卷法，即将事先设计好的问卷分发到各业务部门，由相关人员对业务和产品控制点进行回答，帮助其确认风险水平和相应的控制措施。

（2）叙述法，即从业务部门的目标和风险出发，由各部门管理人员对采取的控制措施进行答辩，检查对预期控制的执行效果。

（3）专家预测法，即采取匿名方式由专家对风险控制点进行考核、分析，提出意见；经修改、论证、汇集，完成控制点的优化。

自我评估法常作为金融机构内部稽核的工具。

（二）关键风险指标法

关键风险指标法就是通过对关键风险指标进行分析来反映金融机构的风险水平，监督风险变化，对风险状况进行早期预警。关键风险指标法可用于监测可能造成损失事件的各项风险及控制措施，并将其作为反映风险变化情况的早期预警指标。实施关键风险指标法的核心是选取关键风险指标。首先，关键风险指标既可以是财务指标，也可以是非财务指标，如每亿元资产损失率、营业额增幅降低百分比或业绩下滑金额、关键岗位人员流失数、系统遭受黑客攻击次数、设备的老化程度、顾客投诉次数等；其次，选取的指标要能够敏感地反映相关业务操作风险的变化；最后，指标要易于观察、获得、测量和跟踪。

（三）计分卡法

计分卡法是巴塞尔委员会提出的三种操作风险高级计量法之一。它是金融机构对操作风险与内控的自我评估，评估内容包括风险事件、风险拥有者、风险发生的可能性、风险影响力、缓释风险的控制措施、控制实施者、控制设计等。

计分卡法实质上是金融机构赋予每个操作风险损失事件一个数值——这个值既可以是影响值，也可以是损失事件发生的可能性——并根据这个数值对不同的操作风险进行排序、比较和分析。更进一步，该方法可估计出操作风险的预期损失，达到量化操作风险的目的。计分卡法的关键是找出与操作风险相关的风险因素，进而设计出具有前瞻性的风险指标，在此基础上由专家对其打分，最终估计出操作风险的影响频率，并据此计算出所需的风险资本。

二、定量分析

定量分析常采用的方法包括自上而下法和自下而上法。

（一）自上而下法

自上而下法主要是从宏观层面对机构的操作风险进行计量，通过估计股票收益、收益及成本等经济变量变化无法由外部宏观因素解释的部分，来衡量机构内部所面临的操作风险。

（二）自下而上法

自下而上法从微观入手，针对各业务进行风险识别与评估，最后将结果汇总，计算总风险损失。其优点在于，在对每个业务风险进行分析时，能有效区分不同类型的风险事件，诊断出机构操作风险中的薄弱环节，从而采取有针对性的应对措施。

三、《巴塞尔协议》指导的操作风险计量框架

操作风险资本计量方法依照业务复杂程度及风险敏感性，由简至繁分别为基本指标法、

标准法、替代标准法及高级计量法。

（一）基本指标法

基本指标法，又称为“单一指标法”，是巴塞尔委员会提供的适用于初阶操作风险评估的方法。基本指标法的计算公式为

$$K_{BIA}=GI\times\beta$$

其中，GI 为机构前三年总收入的均值；β 为固定乘数。通过统计数据，巴塞尔委员会发现基本指标法下监管资本应是现行最小监管资本的 12%。结合行业因素，目前 β 通常设定在 17%~20%。

（二）标准法

标准法是按各业务条线计算总收入，而不是在整个分支机构层面计算。计算各业务条线资本要求的方法是，用银行某业务条线的总收入乘一个该业务条线适用的系数（用 β 值表示）。β 值代表整个银行业在特定业务条线的操作风险损失经验值与该业务条线总收入之间的关系。标准法的计算公式为

$$K_{TSA}=\frac{\sum_{j=1}^{3}\max\left\{\sum_{k=1}^{8}GI_{jk}\times\beta_k,0\right\}}{3}$$

其中，遵循基本指标法关于总收入的定义，GI_{jk}分别为 8 个业务条线中各产品线（或业务条线）过去 3 年的年均总收入；β_k 为由巴塞尔委员会设定的固定比率。

各业务条线的 β 系数由巴塞尔委员会设定，位于 12%~18%，见表 6-2-1。

表 6-2-1　各业务条线的 β 系数

分类	业务条线	β 系数
β_1	公司金融（corporate finance）	18%
β_2	交易和销售（trading and sales）	18%
β_3	零售银行（retail banking）	12%
β_4	商业银行（commercial banking）	15%
β_5	支付和清算（payment and settlement）	18%
β_6	代理服务（agency services）	15%
β_7	资产管理（asset management）	12%
β_8	零售经纪（retail brokerage）	12%

（三）替代标准法

替代标准法在标准法的基础上进行了一定的修正。《巴塞尔协议》指出，当各国监管当局认为使用替代标准法更为有效时，则允许银行使用这一方法。

替代标准法相对于标准法修正的地方在于零售银行及商业银行业务条线的总收入使用前三年贷款余额的算术平均，其对应的值再乘一个尺度因素（设置为 3.5%）。而其余业务

条线监管资本既可以使用标准法计算，也可以将其他业务条线总收入的和乘 18%。相较于原本的标准法，由于替代标准法进一步考量了业务条线操作风险的披露程度，因此该方法在准确性上更胜一筹。

（四）高级计量法

为了解决上述方法敏感性不足的问题，巴塞尔委员会提出了高级计量法，即银行运用一定的定性、定量标准，通过内部操作风险评估系统计算监管资本的方法。

由于高级计量法赋予银行在操作风险度量中更大的灵活性，因此能够使用这一方法的银行除要满足使用标准法的条件外还要满足以下要求：

（1）所采用的风险计量系统须与巴塞尔委员会规定的操作风险范围、《巴塞尔协议》规定的损失事件类型一致。

（2）银行应通过计算预期损失及非预期损失的和计算监管资本要求。

（3）所采用的风险计量系统能够估计影响损失分布尾部形态的主要风险因素。

（4）银行必须通过汇总操作风险估计结果计算最低监管资本；同时，银行须向监管当局证实自身所采用的风险计量系统能够准确、有效地估计各操作风险损失间的相关性，方可在计算风险损失时使用其所确定的相关系数。

（5）其他要素。

☞ **知识拓展**

基本指标法、标准法与高级计量法的比较

1. 基本指标法

（1）优点是操作简单，它不需要复杂的数学计算和收集大量操作风险损失数据。

（2）缺点在于不能真实反映银行操作风险的实际程度与所计量指标间的关联性，而且无法将各业务条线实施操作风险管理的努力程度直接反映到操作风险资本的计提上。

2. 标准法

（1）标准法虽然可以作为基本指标法的改进方法，但仍无法充分反映各业务条线的实际风险程度与所计提资本之间的关联，也无法将采用操作风险缓释技术所带来的效益直接反映到资本计提中，因而银行可能失去改善内部控制制度、提升操作风险管理水平的动力。

（2）准确划分银行的所有业务，并将相关营业收入在各业务条线之间妥善分配，以符合巴塞尔委员会的规定，是采用该方法必须考虑的重点。

（3）标准法除了必须达到巴塞尔委员会所规定的最低要求，即一般性标准外，还须符合其他要求。

3. 高级计量法

（1）优点是依赖过去的损失数据计量资本，使得银行致力于操作风险管理所带来的效益直接反映在资本计提上。

（2）对于从未发生或发生操作风险损失事件频率很低的金融机构而言，若采用基本指标法或标准法，则按照巴塞尔委员会的要求，操作风险资本计提额大约为现行最低法定资本计提额的15%，这会略显偏高。此时，若采用高级计量法，即按历史操作风险损失数据加以分析评估，作为计提操作风险资本的基础，显然较为有利。

（3）难点在于如何建立系统性、透明且可验证的数据收集与跟踪程序，突破损失数据缺乏的瓶颈。

第三节　操作风险合规管理运作

引导案例

2003年下半年，中国航油公司（新加坡）（简称"中航油"）开始交易石油期权（option），最初涉及200万桶石油，中航油在交易中获利。2004年10月，油价再创新高，中航油此时的交易盘口达5 200万桶石油，账面亏损再度大增。10月10日，面对严重资金周转问题的中航油，首次向母公司呈报交易和账面亏损。为了补加交易商追加的保证金，公司已耗尽近2 600万美元的营运资本、1.2亿美元银团贷款和6 800万元应收账款资金。账面亏损高达1.8亿美元，另外已支付8 000万美元的额外保证金。10月26日和28日，中航油因无法补加一些合同的保证金而遭逼仓，蒙受1.32亿美元实际亏损。12月1日，在亏损5.5亿美元后，中航油宣布向法庭申请破产保护令。

案例讨论

（1）本案例中导致中航油失败的最大风险是什么？

（2）查阅资料进一步了解中航油事件，分析产生的原因。从该事件中可以汲取哪些经验教训？

案例讨论参考答案

上述案例告诉我们，金融行业由于监管不到位或者操作不当等因素而处处存在着风险。那么，如何进行操作风险的合规管理呢？

一、操作风险合规管理战略

风险管理战略为金融行业设定了包括业务目标、风险容忍度和操作风险管理政策在内的最终目标与基本方法。金融行业的风险管理战略与业务目标应是一致的。风险容忍度是风险战略的核心内容。金融企业在制定操作风险管理政策时，首先，应当从本企业操作风险的特点出发，使风险管理政策与企业的业务性质、规模、复杂程度和风险特征相适应；其次，需要考虑操作风险容忍度与经营战略目标的一致性。

二、操作风险合规管理的原则

操作风险合规管理需遵循监管要求与行业实践，旨在通过系统性框架降低由流程缺陷、人为失误、系统故障或外部事件导致的损失风险。以下是核心管理原则：

(1) 董事会应了解本金融企业的主要操作风险所在，把它作为一种必须管理的主要风险类别，核准并定期审核本企业的操作风险管理系统。

(2) 董事会要确保本企业的操作风险管理系统受到内审部门全面、有效的监督。内审部门必须拥有一支独立运作、训练有素、业务精良的内审队伍。高级管理层应负责执行经董事会批准的操作风险管理系统。

(3) 金融企业应该识别和评估所有重要产品、活动、程序和系统中固有的操作风险，制定一套程序来定期监测操作风险状况和重大损失风险。

(4) 金融企业应该制定控制或缓释重大操作风险的政策、程序和步骤，制定应急和连续营业方案，以确保在严重的业务中断事件中连续经营并控制住损失。

(5) 金融监管者应该要求所有金融企业，不论其规模大小，制定有效的制度来识别、评估、监测和控制/缓释重大操作风险，并且作为全面风险管理方法的一部分，直接或间接地对企业有关操作风险的政策、程序和做法进行定期的独立评估，确保有适当的机制保证其知悉企业的进展情况。

(6) 金融企业应该进行足够的信息披露，允许市场参与者评估银行的操作风险管理方法。

三、操作风险合规管理的组织

为实现操作风险合规管理措施的有效实施，金融机构需要设置与之匹配的责任和任务清晰的组织结构。所建立的组织结构应符合下述原则。

(1) 建立操作风险防范的三道防线。

(2) 确保风险管理条线的独立性。

(3) 建立平行作业的管理模式。

四、操作风险合规管理流程

最基本的操作风险合规管理流程包括操作风险识别、操作风险计量与评估、操作风险监测、风险控制，以及提交操作风险报告。

1. 操作风险识别

操作风险识别是指金融机构在其经营管理及业务流程中对潜在的操作风险事件进行识别并分类的过程，主要包括两方面的主要工作：一是确定操作风险；二是定位操作风险。具体识别过程包括：① 业务、管理领域识别；② 业务、管理流程识别；③ 关键环节识别；④ 流程中固有风险识别；⑤ 固有风险控制点识别；⑥ 监控并报告识别进度。

2. 操作风险计量与评估

在完成风险识别后，就可以对相应操作风险进行计量和评估。金融机构需要根据统一的评估标准对潜在风险事件的固有风险暴露、剩余风险暴露及控制有效性进行计量和评估。通过对操作风险进行评估，管理层能够实现对现行操作风险管理的有效性进行分析；同时，筛选出哪些风险是不可接受的，对其进行排序，并选择相应缓释机制。进行操作风险的计量和评估时，不仅需要考察操作风险产生的原因及发生的概率，还需要评估操作风险损失事件发生时可能产生的影响。这种影响不仅仅是经济上的直接影响，也包括风险发生对公司目标实现的影响。

3. 操作风险监测

操作风险监测是指对与操作风险相关的各类信息、指标等进行日常监测，以实现了解及分析金融机构风险状况，同时检测风险控制有效性，及时发现流程、制度内控等存在的问题，从而进行优化。金融机构在对操作风险进行监测时应遵守如下原则：重要性原则、及时性原则、统一性原则与谨慎性原则。

4. 风险控制

商业银行常采用的风险控制方法有风险承担、风险转移、风险回避、损失控制等。在具体操作时，商业银行应该根据操作风险的发生频率、损失程度等特征选择不同的工具。

（1）发生频率低、损失程度低的操作风险：风险承担。

（2）发生频率低、损失程度高的操作风险：风险转移。

（3）发生频率高、损失程度高的操作风险：风险回避。

（4）发生频率高、损失程度低的操作风险：损失控制。

5. 提交操作风险报告

操作风险报告是向管理层反馈操作风险管理信息的工具，其内容应该包括风险评估结果、损失事件、风险诱因、关键指标、控制状况、资本金水平和建议等内容。

五、操作风险管理的中国实践

早在2002年，中国人民银行和银监会就出台了针对银行内部控制和全面风险管理的通知文件；2007年，银监会发布《商业银行操作风险管理指引》；2012年，银监会发布《商业银行资本管理办法（试行）》，该办法于2013年起正式实施；2023年，国家金融监督管理总局发布《商业银行资本管理办法》，该办法于2024年起正式实施。

在上述相关监管要求的引导下，国内商业银行积极研究制定适合自身的操作风险管理体系，并在总体上初步形成了框架比较完整、程序比较完善的操作风险管理体系。

从组织架构来看，目前中国各主要商业银行的内部基本上都形成了自上而下垂直领导和各种横向牵制相结合的风险管理架构。

在管理流程方面，商业银行基本参照巴塞尔委员会在《健全的操作风险管理原则》中所提出的管理理念，并遵循国家金融监督管理总局的相关要求，其风险管理流程涵盖操作风险的识别与评估、监测与报告、控制与缓释等主要环节。

在操作风险监管资本的计量方面，目前大部分商业银行仍主要采用标准法。

学中做，做中学

根据以下数据撰写一段风险分析报告(不超过200字)。

某银行近一月发现员工私自代客操作理财交易5起,涉及账户12个;检查发现:未执行“双录”(录音、录像)的占比80%。

“学中做,做中学”参考答案

本章习题

一、单项选择题

1. 大部分操作风险都属于(　　)。

A. 高频率、低损失类型　　B. 高频率、高损失类型

C. 低频率、高损失类型　　D. 低频率、低损失类型

2. “劳资关系”属于(　　)操作风险事件类型。

A. 内部欺诈　　B. 外部欺诈

C. 就业政策和工作场所安全性　　D. 执行、交割及流程管理

3. 无论是采用自上而下法,还是采用自下而上法,在操作风险的计量中都应遵循的共同原则不包括(　　)。

A. 简单性　　B. 一致性　　C. 客观性　　D. 透明性

4. 采用基本指标法时,银行持有的操作风险资本应等于前(　　)年总收入的平均值乘一个固定比例。

A. 二　　B. 三　　C. 四　　D. 五

5. 采用标准法计量操作风险时,银行业务分为(　　)个业务条线。

A. 5　　B. 8　　C. 10　　D. 15

6. 根据巴塞尔委员会的规定,采用标准法计量操作风险时,资产管理条线适用的 β 系数为(　　)。

A. 8%　　B. 12%　　C. 15%　　D. 18%

7. 根据国家金融监督管理总局的要求,使用高级计量法测试操作风险资本,商业银行应具备至少(　　)年观测期的内部损失数据。

A. 20　　B. 15　　C. 10　　D. 5

8. 对于(　　)的风险,银行应采取风险规避的方式进行控制。

A. 低频率、高损失　　B. 低频率、低损失

C. 高频率、高损失　　D. 高频率、低损失

9. 在商业银行操作风险合规管理中,董事会的主要职责不包括(　　)。

A. 制定与本行战略目标相一致且适用于全行的操作风险管理战略和总体政策

B. 定期审阅高级管理层提交的操作风险报告

C. 建立操作风险计量模型

D. 制定适当的奖惩制度

10. 在操作风险合规管理中,一般把项目融资归入(　　)业务条线。
A. 公司金融　B. 交易和销售　C. 支付和清算　D. 商业银行

二、多选题

1. 操作风险的特征表现在(　　)。
A. 操作风险损失数据呈现厚尾特征
B. 风险来源以内生为主
C. 操作风险的范围广泛,具有普遍性
D. 操作风险损失金额非常大
E. 风险与收益的不对称性

2. 按照巴塞尔委员会对操作风险的定义中对造成操作风险损失原因的表述,可以把操作风险分为(　　)。
A. 管理因素导致的操作风险　B. 人员因素导致的操作风险
C. 内部程序因素导致的操作风险　D. 系统因素导致的操作风险
E. 外部因素导致的操作风险

3. 对操作风险进行定性分析的方法有(　　)。
A. 标准法　B. 自我评估法
C. 关键风险指标法　D. 计分卡法
E. 高级计量法

4. 对操作风险进行自我评估时,其内容包括(　　)。
A. 组织管理　B. 人力资源
C. 风险操作流程　D. 产业结构
E. 市场环境

5. 对操作风险进行自我评估的具体方法包括(　　)。
A. 调查问卷法　B. 计量法
C. 叙述法　D. 专家预测法
E. 指标法

6. 关键风险指标可以包括(　　)等。
A. 营业额增幅降低百分比　B. 业绩下滑金额
C. 设备的老化程度　D. 顾客投诉次数
E. 系统遭受黑客攻击次数

7. 操作风险具体识别过程包括(　　)。
A. 业务、管理领域识别与业务、管理流程识别
B. 关键环节识别
C. 流程中固有风险识别
D. 固有风险控制点识别
E. 监控并报告识别进度

8. 操作风险合规管理的组织建立的组织结构应符合的原则有(　　)。
A. 设置合理的岗位职责　B. 建立操作风险防范的三道防线

C. 确保风险管理条线的独立性　　D. 建立平行作业的管理模式

9. 所谓操作性失误风险，是指由金融机构内部因素引起的操作风险，这些内部因素主要包括(　　)等方面的失误。

A. 汇率波动　　B. 客户违约　　C. 处理流程

D. 信息系统　　E. 人事

10. 最基本的操作风险合规管理流程包括(　　)。

A. 操作风险识别　　B. 操作风险计量　　C. 操作风险评估

D. 操作风险监测　　E. 提交操作风险报告

三、判断题

1. 在《巴塞尔协议》的定义中，操作风险包括法律风险和策略风险，但不包括声誉风险。(　　)

2. 只有少部分操作风险来源于外部欺诈、自然灾害等。(　　)

3. 一般地，金融机构面临的操作风险越大，其预期收益将越高。(　　)

4. 操作风险自我评估法主要涉及商业银行的交易部门和销售部门。(　　)

5. 关键风险指标可用于监测可能造成损失事件的各项风险及控制措施，并作为反映风险变化情况的早期预警指标。(　　)

6. 一般地，关键风险指标就是指财务指标。(　　)

7. 计分卡法主要依赖历史数据进行建模分析。(　　)

8. 自下而上法是从宏观入手，在识别风险事件和损失因素的基础上，将各种潜在损失纳入总资本要求。(　　)

9. 操作风险属于纯粹风险，损失与收益之间没有必然的联系。(　　)

10. 金融机构在对操作风险进行监测时应遵守如下原则：重要性原则、及时性原则、统一性原则与谨慎性原则。(　　)

四、简答题

1. 阐述操作风险的定义与特征。

2. 从金融机构的操作风险合规管理实践来看，操作风险通常可以整合为哪五大类常见风险？

3. 阐述计分卡法的含义与具体做法。

4. 高级计量法赋予银行在操作风险衡量中更大的灵活性，使用这一方法的银行除要满足使用标准法的条件外还要满足哪些要求？

5. 联系实际阐述操作风险合规管理流程。

6. 联系实际分析操作风险合规管理在中国的实践。

五、案例分析题

2012年8月1日，美国股市开盘后的1小时内，纽约证券交易所(简称“纽交所”)的交易员感觉股票走势异常，部分股票的价格出现异常剧烈波动。在市场寻找原因之际，骑士资本便发表声明称，该公司的做市部门出现交易技术问题，影响了纽交所约150只股票。该做市部门称，此次交易故障导致4.4亿美元的税前亏损。开盘后，骑士资本再次重挫64%，濒临破产。

(1) 本案例中的操作风险属于哪种类型？

(2) 结合你的理解，谈谈该案件的教训。

第七章

金融衍生工具风险合规管理

学习目标

知识目标

● 理解金融衍生工具风险的概念、基本特征及其在风险管理和价格发现中的作用。

● 学习金融衍生工具风险分析的方法，包括市场风险、信用风险、流动性风险、法律和监管风险等。

● 掌握金融衍生工具合规管理的原则、目标及其在风险控制中的作用，了解不同国家和地区对金融衍生工具合规管理的法规要求。

能力目标

● 能够独立分析和评估金融衍生工具的风险，并设计相应的风险管理策略。

● 提升制定和实施金融衍生工具合规管理策略的能力，以适应不断变化的监管环境。

● 培养分析和解决金融衍生工具风险问题的能力，包括风险预警、应对策略制定和危机管理。

思政目标

● 培养国家金融安全意识，强化风险意识和法治意识，树立正确的价值观和金钱观。

● 通过案例分析和教学实践，加强对守住不发生系统性金融风险底线的认识。

● 培养爱国情怀和社会责任感，为维护国家金融市场稳定贡献力量。

学习重点

● 金融衍生工具风险的定义、基本特征及其在金融市场中的作用。

● 金融衍生工具市场风险的类型、来源及其影响。

● 金融衍生工具合规管理的原则、策略和实施要点。

● 国内外金融衍生工具合规管理的法规要求及其对风险管理的影响。

内容结构

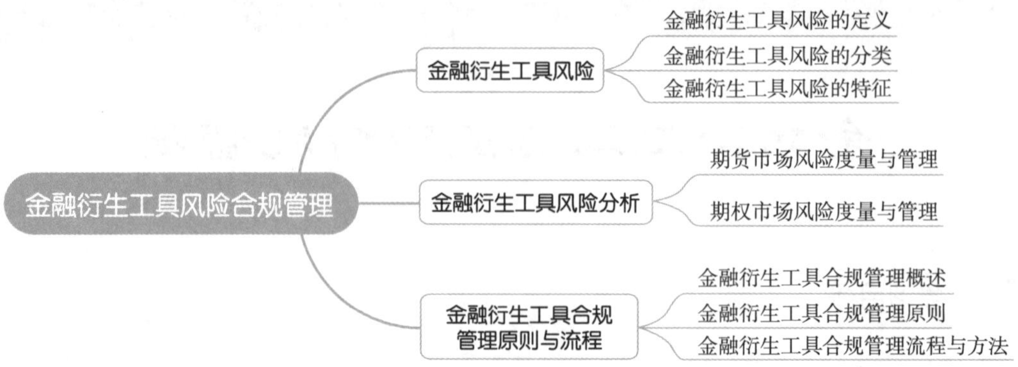

第一节　金融衍生工具风险

引导案例

2023 年，德意志银行（简称“德银”）因外汇销售招致欧洲央行新批评，被要求改善内部监管。据知情人士透露，欧洲央行的一个监管团队要求德银改善对外汇衍生品销售业务的监督和检查。2017—2019 年，德银对该行涉嫌向西班牙企业不当销售外汇衍生品的做法展开了一项名为“Project Teal”的内部调查，随后该行调整了一些程序。知情人士称，欧洲央行现在担心，德银在向客户销售这些产品时仍未充分解释这些产品的相关风险。

早在 2015 年，德银因外汇衍生品交易不当而面临监管调查和巨额罚款。该银行被指控操纵外汇汇率，通过与其他银行的合谋，利用外汇衍生品交易进行不正当的市场操作。这些行为违反了市场规则，损害了客户和投资者的利益。此外，德银在外汇衍生品的风险管理上存在缺陷，未能充分评估和管理交易对手信用风险以及市场风险。在市场波动加剧时，这些风险暴露导致银行遭受了巨额亏损。

资料来源：张茂荣，李秀娟.德银危局：困境与影响[J].中国银行业，2016(11)：65-67，71.（有改动）

案例讨论

(1) 德银外汇衍生品交易丑闻对全球金融市场产生了哪些影响？

(2) 德银在外汇衍生品交易中的风险管理存在哪些主要缺陷？

案例讨论参考答案

一、金融衍生工具风险的定义

金融衍生工具风险是指在交易和持有金融衍生工具的过程中，市场的不确定性、交易对手信用状况的变化、流动性不足、操作失误或法律监管环境的变化等因素可能导致的财务损失、信誉损害、合规问题或其他负面影响。金融衍生工具，包括期货、期权、掉期和远期合约等，其价值取决于其他基础资产的价值，因此对市场波动极为敏感。

金融衍生工具风险的产生与金融衍生工具的杠杆效应、复杂性和透明度有关。金融衍生工具的杠杆效应可能放大盈亏，放大风险敞口。金融衍生工具的复杂性可能导致理解和定价上的困难，而透明度不足可能掩盖真实的风险状况。此外，金融衍生工具的全球交易特性意味着风险可以迅速跨国界传播，影响广泛。

二、金融衍生工具风险的分类

（一）市场风险

市场风险是金融衍生工具领域的核心风险之一，主要指由基础资产市场价格波动导致的金融衍生工具价值的不确定性。市场风险与市场的宏观经济因素紧密相关，包括但不限于利率、汇率、股票价格和商品价格的变动，主要包括以下几个方面。

1. 价格风险

金融衍生工具价格风险是金融市场中的一种主要风险类型，尤其在高波动性的市场环境中表现突出。由于金融衍生工具的价值与基础资产的价格紧密相关，任何市场因素的变化都可能导致基础资产价格波动，从而影响金融衍生工具的价值。在复杂多变的金融市场中，准确预测价格走势是一项挑战。金融机构可能由于缺乏精确的价格预测模型或对市场动态的深入分析，无法有效评估价格波动对金融衍生工具价值的影响，从而增加价格风险。

2. 利率风险

金融衍生工具利率风险指的是由市场利率变动导致的金融衍生工具价值、收益或现金流的不确定性。这类风险主要影响那些与利率挂钩的金融衍生工具，如利率互换、利率期货、债券期权和利率上限/下限等。市场利率的波动受多种因素影响，包括中央银行的货币政策、通货膨胀预期、经济增长前景及市场供需状况。当利率上升时，固定收益类资产的市场价格通常下跌；而利率下降时，其市场价格则上升。对于金融衍生工具而言，这种反向变动关系意味着利率的任何变动都可能对投资组合的价值产生显著影响。

3. 汇率风险

金融衍生工具汇率风险是指在外汇市场中，由货币价值波动导致的与外币相关的金融衍生工具价值、收益或现金流出现不确定性的风险。这类风险主要关联到外汇期货、期权、远期合约和掉期等金融衍生工具，它们的价值直接受到汇率变动的影响。

【案例 7-1-1】 2020 年 4 月 22 日晚间，中国银行发布关于“原油宝”业务情况的说明。关于德州轻质原油期货 5 月合约处理，中国银行称，为排除当日结算价为负值是由于交易所系统故障等非正常原因造成错价的情况，中国银行积极与芝加哥商品交易所及市场参与者联系求证，因此暂停挂钩美油合约的“原油宝”产品交易一天，未影响客户权益。4 月 24 日，中国银行发布关于“原油宝”产品情况的说明。该说明显示，2020 年初以来，国际原油价格剧烈波动，投资者交易频繁。自 4 月 6 日起，中国银行通过短信、电话、公众号、官方微博等多种渠道，向“原油宝”客户多次进行针对性风险提示，特别是4月15日以后，每日向客户进行风险提示。4月20日是“原油宝”美国原油产品当期结算日，约46%中国银行客户主动平仓离场，约54%中国银行客户移仓或到期轧差处理（既有做多客户，也有做空客户）。

4月30日，银保监会相关部门负责人就“原油宝”事件作出回应。该负责人表示，近期，中国银行“原油宝”产品投资出现较大亏损，引起市场和舆论的广泛关注。银保监会对此风险事件高度关注，第一时间要求中国银行依法依规解决问题，与客户平等协商，及时回应关切，切实维护投资者的合法权益。同时，要求中国银行尽快梳理查清问题，严格产品管理，加强风险管控，提升市场异常波动下的应急管理能力。

5月4日，国务院金融稳定发展委员会召开第二十八次会议。会议指出，要高度重视当前国际商品市场价格波动所带来的部分金融产品风险问题，提高风险意识，强化风险管控。要控制外溢性，把握适度性，提高专业性，尊重契约，理清责任，保护投资者合法利益。

5月19日，银保监会相关部门负责人在接受《金融时报》记者采访时表示，中国银行“原油宝”事件发生以来，银保监会持续高度关注，要求中国银行与客户平等协商，依法依规解决问题。据中国银行披露，该行与客户和解签约率已经超过80%，并正在全面梳理与审视产品设计、业务决策、风险管控等环节和流程。该负责人表示，银行保险机构要进一步提高风险管控能力，提升金融服务水平；同时，提醒金融消费者理性投资，进一步增强风险意识。

资料来源：杨雨卿.中国银行原油宝穿仓事件：原因、后果和启示[D].重庆：重庆大学，2023.（有改动）

案例讨论

（1）“原油宝”事件中，投资者是如何暴露于商品风险之下的？

（2）中国银行在管理“原油宝”商品风险方面采取了哪些措施？这些措施的有效性如何？

案例讨论参考答案

（二）信用风险

信用风险是金融衍生工具领域的核心风险之一，主要指由交易对手信用状况变化导致的金融衍生工具价值和收益的不确定性。这种风险与交易对手的信用可靠性紧密相关，并受多种因素影响，主要包括以下几个方面。

1. 对手方风险

对手方风险是指交易对手可能由于财务困难、破产或其他原因而无法履行合约义务的风险。在金融衍生工具交易中，对手方风险尤为突出，因为这些工具通常涉及未来某一时间点的支付或资产转移。金融机构必须评估交易对手的信用状况，包括其财务健康状况、历史履约记录和市场声誉。为了管理对手方风险，金融机构可能会要求交易对手提供抵押品、使用信用支持附件或通过中央对手方进行交易，以降低违约风险。

2. 结算风险

结算风险是指交易双方在结算过程中出现违约的风险。在金融衍生工具交易中,结算风险可能发生在交易确认、交易处理或资金和证券的交换过程中。结算风险的管理通常需要建立健全的内部控制流程和结算程序,以确保交易的及时和准确完成。此外,使用担保结算系统或实时结算系统可以降低结算失败的风险。

3. 信用评级风险

信用评级风险是指对手方信用评级下降影响其金融衍生工具价值的风险。信用评级机构对对手方的评级下降可能导致对手方的金融衍生工具价值下降,或者需要对手方提供额外的抵押品来支持其交易。金融机构需要密切关注交易对手的信用评级变化,并评估信用评级变化对其金融衍生工具投资组合的影响。为了管理信用评级风险,金融机构可能会采用信用评级模型来预测信用评级变化的可能性,并制定相应的风险管理策略。

(三)流动性风险

流动性风险是金融衍生工具领域的一种关键风险类型,主要指由市场流动性不足或交易对手流动性受限导致的金融衍生工具难以以合理价格迅速买卖的风险。这种风险与市场的交易活跃度和参与者的财务状况紧密相关,包括但不限于以下几个方面。

1. 市场流动性风险

市场流动性风险指的是市场整体流动性不足,导致金融机构难以在不显著影响市场价格的情况下平仓其持有的金融衍生工具。这种情况可能发生在市场动荡或金融危机期间,当大多数市场参与者都在同时寻求退出市场时,市场流动性可能会迅速枯竭。

2. 资金流动性风险

资金流动性风险涉及金融机构在短期内筹集资金以满足其金融衍生工具交易义务的能力。如果金融机构无法获得足够的资金来支持其金融衍生工具头寸,可能被迫以不利的价格平仓,从而产生损失。资金流动性风险可能由多种因素引起,包括市场信心下降、信贷紧缩或监管变化。

3. 产品流动性风险

产品流动性风险是指某些金融衍生工具由于其结构复杂或市场参与者有限,在二级市场上的交易活跃度不足。这些金融衍生工具可能难以找到买家,或者难以在需要时以合理价格出售。例如,定制化的掉期交易或非标准化的期权合约可能面临较高的产品流动性风险。

4. 操作流动性风险

操作流动性风险与金融机构的内部流程、系统故障或操作失误有关。如果交易结算系统出现故障,或者交易确认过程出现延误,可能会妨碍金融衍生工具的正常交易和结算,导致流动性问题。此外,内部风险控制的不足或合规问题也可能引发操作流动性风险。

(四)操作风险

操作风险是金融机构在进行金融衍生工具交易和管理时面临的一类风险,它源于金融机构内部运作的失败或外部事件的冲击。这种风险类型多样,影响广泛,对金融机构的稳健运营构成了重大挑战,主要包括以下几个方面。

1. 内部流程风险

内部流程风险涉及金融机构内部运作流程的不足或失败,具体涉及风险管理流程、合规流程、财务报告流程等。例如,如果风险管理流程未能准确识别和评估市场风险,可能导致金融机构暴露于不必要的损失中;合规流程的不足可能导致金融机构违反监管规定,引发法律诉讼和罚款;财务报告流程的失误可能导致财务报表错误,损害金融机构的信誉和投资者信心。

2. 人员风险

人员风险是指由员工的行为引起的风险,包括员工的失误、欺诈或不当行为。员工失误可能是缺乏培训、工作负担过重或人为疏忽造成的。而员工欺诈则是一种故意行为,旨在为个人或他人谋取不正当利益,如挪用资金、内幕交易等。不当行为可能包括违反职业道德、泄露客户信息等。人员风险可能导致金融机构面临财务损失、法律问题和声誉损害。

3. 系统风险

系统风险涉及金融机构依赖的技术系统和基础设施的故障或不足。技术故障可能由硬件故障、软件缺陷、系统升级错误等引起。网络安全事件,如黑客攻击、恶意软件、数据泄露等,可能导致金融机构的关键系统中断、数据丢失或被非法访问。系统风险可能导致交易失败、客户服务中断和重大的财务损失。

4. 外部事件风险

外部事件风险是由金融机构外部的不可预测事件引起的风险,包括政治变动、自然灾害、恐怖袭击、市场危机等。例如,政治变动可能导致市场不稳定,影响金融衍生工具的价格;自然灾害,如地震、飓风、洪水等,可能破坏金融机构的运营设施,影响其服务能力。外部事件风险可能导致金融机构面临运营中断、资产损失和市场机会的丧失。

(五)法律和监管风险

法律和监管风险是金融衍生工具领域金融机构必须应对的关键风险类型之一。这类风险涉及法律变更、监管环境的不确定性及合规问题,可能对金融机构的运营、财务状况和声誉产生重大影响,主要包括以下几个方面。

1. 法律风险

法律风险是指由合同法律效力的不确定性、法律争端或法律框架的变化导致的金融机构在金融衍生工具交易中遭受损失的风险。合同法律效力的不确定性可能源于合同条款的模糊不清、法律解释的不一致或司法管辖区的法律差异。法律争端可能涉及合同违约、知识产权侵权或其他法律问题,导致诉讼费用、赔偿损失或业务中断。此外,法律框架的变化,如新的法律颁布或现有法律的修改,可能影响金融衍生工具的合法性、可执行性和交易结构。

2. 监管风险

监管风险涉及监管政策变化、监管机构的行动或监管环境的不确定性,对金融机构的运营和盈利能力产生影响。监管政策变化可能包括资本要求的提高、交易规则的修改、报告要求的加强或新的监管限制的引入。监管处罚可能源于金融机构违反监管规定、未能遵守行业标准或涉及不当行为。监管风险可能导致金融机构面临罚款、业务限制、市场准入障碍或声誉损失。

3. 合规风险

合规风险是指金融机构在遵守法律、规则和准则方面存在缺陷,导致潜在的法律后果、财务损失或声誉损害。合规风险可能涉及反洗钱、客户身份识别、数据保护、交易监控和行为准则等方面的规定。金融机构需要确保其内部政策、程序和控制措施与监管要求保持一致，并能够适应监管环境的变化。合规风险可能导致监管处罚、法律诉讼、客户流失或市场信誉下降。

（六）模型风险

模型风险是金融衍生工具领域一种特殊类型的操作风险，它产生于金融机构在定价、风险评估和管理过程中所依赖的数学模型和计算方法。随着金融衍生工具市场的复杂性增加，模型风险的管理变得尤为重要。

1. 定价模型风险

定价模型风险涉及金融机构在为金融衍生工具定价时所采用的模型。这些模型通常基于一系列假设，如市场是有效的、资产价格遵循特定的随机过程、波动率是恒定的等。然而，现实市场往往与这些假设有偏差，导致模型定价与实际市场价值偏离。例如，著名的布莱克-斯科尔斯（Black-Scholes）模型在定价期权时假设波动率是恒定的，但在现实市场中波动率是随时间变化的，这种模型与实际的差异可能导致定价错误。

2. 风险度量模型风险

风险度量模型风险是指在评估和管理金融衍生工具风险时所采用的模型可能存在的不准确性。金融机构通常使用 VaR、压力测试、敏感性分析等方法来度量市场风险。然而，如果这些模型未能准确捕捉到市场行为的复杂性，或者在极端市场情况下表现不佳，就可能导致风险度量不准确。例如，VaR 模型通常假设市场变化是正态分布的，但现实中的金融危机往往伴随着极端的市场波动，这些波动可能超出 VaR 模型的预测范围。

三、金融衍生工具风险的特征

金融衍生工具风险的特征可以从多个维度进行描述，这些特征有助于理解金融衍生工具市场的风险本质，以及如何进行有效的风险管理。以下是金融衍生工具风险的几个关键特征。

1. 杠杆效应

金融衍生工具通常允许投资者以较小的初始投资（保证金或权利金）控制较大价值的资产。这种杠杆效应可以放大收益，同样也可以放大亏损。

2. 复杂性

许多金融衍生工具结构复杂，其定价和风险评估需要依赖高级的数学模型和专业知识。复杂性可能导致理解上的误差，增加操作风险。

3. 市场联动性

金融衍生工具的价值通常与一个或多个基础资产的市场表现相关联。这种联动性意味着市场因素的变化会直接影响金融衍生工具的价格和风险敞口。

4. 敏感度

金融衍生工具对市场参数（如利率、汇率、股票价格、商品价格）的变化非常敏感。这些市场参数的微小变动可能导致金融衍生工具价值的显著变化。

5. 流动性差异

不同的金融衍生工具和市场可能具有不同的流动性水平。流动性不足的市场可能导致难以及时平仓或以合理价格交易,增加流动性风险。

6. 信用风险

对手方可能无法履行合约义务,尤其在场外交易市场中,信用风险管理尤为重要。

7. 可变性

基础资产的波动性直接影响金融衍生工具的风险。高波动性市场环境下,金融衍生工具的价值可能迅速变化。

学中做,做中学

思考一下,如果你是一位风险管理者,你会如何根据机构的风险承受能力来制定风险管理策略?

"学中做,做中学"
参考答案

第二节 金融衍生工具风险分析

引导案例

1992 年,德国 MG 集团美国子公司 MGRM 为了与客户维持长远的关系,签订了一份 10 年的远期供油合同,承诺在未来 10 年内以高于当时市价的固定价格定期提供给客户总量约 1.6 亿桶的石油商品。但是,石油价格自 1993 年 6 月开始从每桶 19 美元跌至 1993 年 12 月的 15 美元,MGRM 面临庞大的保证金追缴,但其长期供油合约收益还未实现,庞大的资金缺口逼迫子公司向母公司寻求资金援助。最终因子公司投资不当给母公司造成的 10 亿美元损失无法弥补。

资料来源:作者根据网络资料归纳整理。

案例讨论

(1) 本案例中,公司在使用金融衍生工具时的主要失误是什么?

(2) 结合你的理解,谈谈该案例给我们的启示。

案例讨论参考答案

一、期货市场风险度量与管理

(一) 期货市场风险度量

期货市场风险度量在期货交易领域至关重要,是投资者评估潜在损失可能性的关键工具。期货市场风险度量涵盖了多种方法和模型,旨在精确预测和量化市场参与者在交易过程中可能遇到的风险。以下是几种常用的期货市场风险度量方法。

1. 在险价值法

在险价值法是一种量化金融风险的关键技术,广泛应用于期货市场的风险管理。在险价值法的核心在于估计在正常市场条件下,投资组合价值在给定时间内的最大可能损失。这种方法的优势在于其简洁明了,能够将复杂的风险概念转化为单一的数值指标,使得非专业人士也能理解和评估潜在风险。

VaR 的计算方法多样。历史模拟法依赖过去的市场数据,通过模拟历史价格变动来预测未来风险;蒙特卡罗模拟法则通过随机生成可能的价格路径来进行风险评估。不同的计算方法适用于不同的市场条件和风险偏好。

2. 方差-协方差法

方差-协方差法是一种在金融领域常用的风险评估方法,它通过量化资产收益的波动性和资产间的相关性来评估整个投资组合的风险。这种方法的关键在于它考虑了资产之间可能存在的正相关或负相关关系,这有助于更准确地预测组合的整体表现。

具体来说,方差-协方差法首先计算每个资产的预期收益和方差,然后计算资产间的协方差。通过这些数据,可以构建一个协方差矩阵,该矩阵反映了所有资产之间的相关性。利用这个矩阵可以计算出投资组合的总方差,进而得到组合的标准差,该标准差通常被用作衡量组合风险的指标。

3. GARCH 模型

GARCH 模型是一种在金融领域广泛应用的统计模型,它由蒂姆·博勒斯勒夫(Tim Bollerslev)于 1986 年提出。该模型的核心优势在于其能够捕捉和预测金融时间序列数据中的波动聚集现象,即大的价格变动往往会被随后的类似变动所跟随,这种现象在金融市场中非常普遍。

GARCH 模型通过引入条件异方差的概念,即波动率不仅依赖过去的信息,还依赖过去的波动率,从而允许波动率随时间变化。这种动态特性使得 GARCH 模型能够适应市场条件的变化,并提供更为灵活的波动率预测。

(二)期货市场风险管理

期货市场是一个高度复杂和动态变化的环境,它涉及多种风险,包括市场风险、信用风险、流动性风险、操作风险和法律风险等。风险管理在期货市场中扮演着至关重要的角色,它可以帮助市场参与者识别、评估、监控和控制这些风险。

期货市场风险管理首先需要对潜在的系统性风险进行准确的识别和评估。这涉及对宏观经济指标、政策动向、市场流动性及国际市场动态等因素的综合分析。监管机构和市场参与者必须保持高度警觉,利用先进的数据分析工具和模型来预测和量化风险。例如,通过监测宏观经济指标的变化,可以评估经济周期对期货市场的潜在影响;通过分析政策动向,可以预判政策调整可能对市场造成的冲击。这种前瞻性的风险管理有助于及早发现问题并采取应对措施。

在识别和评估系统性风险之后,期货市场需要制定一系列风险控制措施来应对这些风险。这些措施可能包括调整保证金要求、实施交易限制、加强市场监管和提高市场透明度等。例如,当市场波动性增加时,通过提高保证金比例,可以提升市场的抗冲击能力,减少违约风险。同时,监管机构需要加强对市场的监控,确保所有交易行为都符合规定,及时查处违规行为,维护市场秩序。此外,通过提供更多的市场信息,可以帮助投资者做出更明智的投资决策,从而降低市场的非理性波动。

期货市场风险管理还需要制定应急预案,以应对突发的市场事件。这些预案应包括在市场出现极端波动时的具体操作步骤和措施,如临时停牌、限制某些交易行为等。此外,期货市场风险管理是一个持续的过程,需要不断地监控市场状况,评估风险控制措施的效果,并根据市场变化及时调整策略。监管机构还应与国际监管机构合作,共同应对跨境金融风险,确保全球市场的稳定。通过这种持续的监管,期货市场可以更好地抵御系统性风险,保护投资者的利益,促进市场健康发展。

二、期权市场风险度量与管理

(一)期权市场风险度量

期权市场风险度量是金融风险管理的重要组成部分,它涉及对期权投资可能面临的不确定性和潜在损失的评估。以下是期权市场风险度量的几种主要方法。

1. 压力测试

压力测试是一种重要的风险管理工具,它通过模拟市场在极端不利条件下的表现,来评估期权投资组合的稳健性。这种方法不仅能够帮助投资者预测在不同压力情景下可能发生的损失,还能够揭示投资组合中潜在的脆弱环节。例如,投资者可能会设计市场大幅波动、利率突变、信用事件、流动性枯竭等压力情景,来测试期权策略在这些情况下的抗压能力。

2. 敏感性分析

敏感性分析是期权市场风险度量中的一项关键技术,它允许投资者量化并理解影响期权定价的各种市场参数如何影响期权价值。

通过敏感性分析,投资者可以对期权策略的风险敞口进行精确的度量和调整。例如,如果投资者发现期权头寸对波动率非常敏感,他们可能会采取措施对冲这种风险,比如购买波动率反向产品或采用其他动态对冲策略。此外,敏感性分析还可以帮助投资者在市场条件变化时快速调整其期权组合,以维持所需的风险敞口水平。敏感性分析是期权交易者日常风险管理流程中不可或缺的一部分,有助于他们做出更加明智的投资决策。

3. 蒙特卡罗模拟

蒙特卡罗模拟是一种强大的风险评估工具,它通过生成大量的随机路径来模拟市场变量的变化,并据此评估期权投资组合的风险。这种方法基于概率论和统计学原理,通过随机抽样来近似解决期权定价和风险度量问题。

在执行蒙特卡罗模拟时,投资者首先需要定义市场变量的概率分布,然后通过随机数生成器产生大量的模拟路径。其次,投资者对每一条路径模拟其资产价格的演变,并计算期权在每个时间点的价值。最后,通过分析这些模拟结果的统计特性,如平均值、标准差、分位数等,投资者可以估计期权投资组合在不同置信水平下的风险敞口。

(二)期权市场风险管理

期权市场风险管理是一个涉及多个层面的复杂过程,它要求投资者不仅要理解期权定价和风险度量的理论,还要能够将这些理论应用到实际操作中。以下是期权市场风险管理的一些关键策略和概念的扩展讨论。

1. 套期保值和对冲策略

套期保值作为风险管理的一个核心策略,主要通过金融衍生工具的使用来降低或消除投资组合面临的市场风险。这一过程开始于对风险敞口的准确识别,这可能源自现货价格的波动、利率的变动或其他市场因素。随后,投资者会构建一个对冲组合,通过购买或出售期权合约来抵消这些风险。例如,一个持有现货多头的投资者可能会购入看跌期权,以此作为保险,以防价格下跌时的潜在损失。

然而,由于市场条件是动态变化的,对冲策略也需要定期进行调整,以确保其持续有效,这就要求投资者持续监控市场动态,及时调整头寸,从而维持对冲策略的相关性和有效性。通过这种动态的风险管理过程,投资者可以更好地保护自己的投资组合,减少不利市场波动带来的影响。

2. 利用期权的保障和收益潜力

期权作为一种灵活的金融工具,为投资者提供了独特的风险管理和收益增加机会。其不对称的风险回报结构允许投资者支付有限的期权费,以换取在市场行情有利时获得无限收益潜力的机会,尤其是在看涨期权的情况下;或者在市场不利时,通过看跌期权来保护其资产价值,充当一种保险策略。此外,投资者还可以通过出售期权来收取期权费,这一策略不仅为投资组合带来额外的收益,还能在持有现货的同时增加收益,从而在市场波动中寻找获利机会。这种多维度的策略运用,使得期权成为投资者进行风险管理和收益最大化的有力工具。

【案例 7-2-1】 1998 年,著名的对冲基金长期资本管理公司(LTCM)由于俄罗斯金融危机引发的金边债券市场动荡而面临破产。LTCM 是一家由多位诺贝尔经济学奖得主和顶尖交易员管理的对冲基金公司,其投资策略主要依赖复杂的数学模型和历史数据分析,专注于市场中性策略和固定收益套利。LTCM 大量投资俄罗斯的金边债券,预期通过购买高收益的非美国政府债券来获取利润。然而,1998 年俄罗斯金融危机爆发,导致金边债券市场崩溃,LTCM 因此遭受巨额亏损。这次市场动荡被比喻为“黑天鹅”事件,因为它是极端、罕见但影响深远的不可预测事件。

资料来源:胡博.美国长期资本管理公司危机救助案例分析[D].沈阳:辽宁大学,2016.(有改动)

案例讨论

(1) LTCM 的投资策略凭借哪些特点吸引了投资者?

(2) 金边债券市场的“黑天鹅”事件是如何影响 LTCM 的?LTCM 是如何走向破产边缘的?

案例讨论参考答案

第三节　金融衍生工具合规管理原则与流程

引导案例

近年来,党和国家着力加强对证券业的领导与约束。从机构层面看,证监会由参公事业编调整为公务员序列的国务院直属机构,对资本市场的监管职责进一步加强。衍生品作为证监体系下的重要金融品种,面临更为严格的规范环境。从监管规范层面看,随着市场的发展和交易的活跃,与衍生品相关的规范更为纷繁。《证券公司场外期权业务管理办法》《证券公司收益互换业务管理办法》《中华人民共和国期货和衍生品法》等相继出台,《衍生品交易监督管理办法(征求意见稿)》也正在征求意见。

以 2022 年 8 月生效的《中华人民共和国期货和衍生品法》为例,它从交割、场所、参与者等方面,全面约束了期货、期权、互换、远期等衍生品品种,体现了"重点规范期货市场,兼顾衍生品市场",填补了中国金融市场六大金融行业中最后一个立法空白,让期货和衍生品市场有了"根本大法"。由此观之,衍生品的合规管理有了重要的根本依据。

资料来源:赵中昊.券商场外衍生品业务规模逾 2.3 万亿元[N].中国证券报,2023-11-24(A05).(有改动)

案例讨论

(1) 在新的监管环境下,券商在开展场外衍生品业务时面临的主要合规挑战是什么?

(2) 新的监管政策对券商风险管理和业务创新方面有哪些积极影响?

案例讨论参考答案

一、金融衍生工具合规管理概述

金融衍生工具作为现代金融市场的基石,提供了风险管理和价格发现的重要功能,为市场参与者带来了多样化的投资和避险策略。这些工具虽然强大,但由于其结构的复杂性和内在的杠杆效应,也带来了较高的风险。因此,合规管理在衍生品市场中扮演着至关重要的角色,它不仅确保了金融机构的稳健运营,而且对整个金融市场的稳定和健康发展起着决定性作用。

合规管理构成了金融机构内部控制体系的核心,对于金融衍生工具而言,其重要性主要表现在风险控制、法律遵循、市场信誉和满足监管要求等方面。通过严格的合规审查,金融机构能够有效地识别和管理与金融衍生工具交易相关的市场风险、信用风险和流动性风险,从而保护自身免受不必要的财务损失。同时,合规管理能够确保金融活动遵循相关法律法规,从而减少法律风险和潜在的经济损失。此外,良好的合规管理还能够显著提升金融机构的市场信誉,增强投资者和其他市场参与者的信任。最后,合规管理有助于金融机构满足监管机构的要求,降低因违规而产生的监管风险和合规成本。

二、金融衍生工具合规管理原则

1. 合法性原则

合规管理的首要原则是确保所有金融衍生工具的交易活动都严格符合国家的法律法规和行业标准。这意味着金融机构必须持续关注法律环境的变化,及时调整其合规策略和操作流程,以确保业务的合法性。合法性原则是维护市场秩序和保护投资者权益的基础。

2. 全面性原则

合规管理必须全面覆盖金融衍生工具业务的所有环节,包括但不限于产品设计、交易执行、风险控制、信息披露、资金结算等。全面性原则要求金融机构对业务流程的每一个细节都进行严格的合规审查,确保整个业务链条的合规性。

3. 独立性原则

合规管理部门应当独立于业务部门运作,以保证合规审查的客观性和公正性。这意味着合规部门需要有足够的权威和资源,以独立地进行合规检查和风险评估,不受业务压力的影响。独立性原则有助于防止利益冲突,确保合规管理的有效性。

4. 适时性原则

合规管理必须能够及时响应市场变化和监管政策的更新。金融市场是动态发展的,监管政策也在不断演变。适时性原则要求金融机构能够灵活调整其合规策略,以适应外部环境的变化,保持合规策略的时效性和适应性。

5. 透明度原则

合规管理还应强调透明度,确保所有交易活动都是透明的,并且可以被适当地监管和审计。透明度原则有助于增强市场参与者的信心,并促进公平竞争。

6. 责任性原则

合规管理要求明确各方的责任和义务。金融机构的高级管理层应对合规管理的有效性负责,而员工则应理解并履行其在合规方面的责任。责任性原则有助于确保合规要求得到执行,并在违规行为发生时追究责任。

7. 风险导向原则

合规管理应基于风险导向,识别和专注于那些可能导致严重后果或重大违规风险的领域。这要求金融机构进行持续的风险评估,并根据风险的严重程度和发生概率来分配合规资源。

8. 持续改进原则

合规管理是一个持续的过程,需要不断地评估、监控和改进。金融机构应定期审查和更新其合规政策和程序,以应对新的挑战和市场实践。

三、金融衍生工具合规管理流程与方法

（一）金融衍生工具合规管理流程

金融衍生工具合规管理流程是确保金融机构业务操作符合法律法规和监管要求的关键步骤。以下是构建有效合规管理体系的基本流程。

1. 制定合规政策

金融机构应明确合规管理的目标和原则，制定详细的合规政策和程序，同时，应确保政策得到高级管理层的批准，并传达给所有员工。

2. 风险识别与评估

金融机构应识别与金融衍生工具相关的合规风险，包括市场风险、信用风险、操作风险等，同时，应定期进行风险评估，分析潜在的合规问题和风险敞口。

3. 合规架构建立

金融机构应建立独立的合规部门，明确其职责、权限和资源，同时，应确保合规部门能够独立运作，不受业务部门的不当影响。

4. 合规培训与宣导

金融机构应定期对员工进行合规培训，提高他们的合规意识和专业知识，同时，应通过内部沟通渠道宣导合规文化，确保合规理念深入人心。

5. 内部控制体系建设

金融机构应制定和实施内部控制措施，包括审批流程、权限管理、交易监控等，同时，应定期审查和测试内部控制系统的有效性。

6. 合规审查与监控

金融机构应对业务流程进行定期的合规审查，确保业务活动符合合规政策和监管要求，同时，应实施交易和活动的实时监控，及时发现和纠正不合规行为。

7. 合规审计与检查

金融机构应定期进行内部审计，评估合规管理的有效性，同时，应配合外部审计和监管检查，确保合规性和透明度。

8. 合规问题调查与整改

金融机构应对发现的合规问题进行深入调查，明确问题原因和责任，同时，应制定整改措施，跟踪整改进展，并确保整改措施得到有效执行。

9. 监管政策跟踪与适应

金融机构应持续跟踪监管政策的变化，及时了解其对业务的影响，同时，应根据监管政策的变化，调整合规政策和流程。

10. 合规报告与沟通

金融机构应定期向管理层和监管机构提交合规报告，报告合规状况和风险管理情况，同时，应建立有效的沟通机制，确保合规信息在组织内部及时流通。

金融机构应根据内外部审计结果、监管反馈和业务发展需要，不断改进合规管理体系，此外，还应定期更新合规政策和程序，确保其反映最新的法律、法规和市场实践。

（二）金融衍生工具合规管理方法

金融衍生工具的合规管理是一个系统性工程，涉及多个层面和环节。以下是一些关键的合规管理方法。

1. 制定合规工作规程

金融机构应制定明确的合规工作规程，明确合规管理的目标、原则和职责。这些工作规程应与机构的整体战略和业务目标相一致，并得到高级管理层的支持和承诺。

2. 合规组织架构

金融机构应建立一个清晰的合规组织架构，明确合规部门的地位和职责。合规部门应配备足够的专业人员，并拥有独立的报告渠道，以确保其独立性和权威性。

3. 风险评估

金融机构应定期进行风险评估，识别和分析金融衍生工具业务中存在的合规风险，包括市场风险、信用风险、操作风险等，并根据风险评估结果制定相应的风险控制措施。

4. 合规培训与教育

金融机构应定期对员工进行合规培训与教育，提高他们的合规意识和风险管理能力。特别是对于涉及金融衍生工具交易的员工，需要进行专业培训，确保他们充分理解相关产品的特性和风险。

5. 内部控制和审计

金融机构应建立健全的内部控制体系，包括交易监控、权限管理、信息披露等。同时，定期进行内部审计，检查合规政策的执行情况和内部控制的有效性。

6. 交易和文档管理

金融机构应确保所有金融衍生工具交易都有完整的记录，并按照规定保存交易文档。这不仅有助于合规审查和风险控制，也是满足监管要求的必要条件。

7. 合规监测和报告

金融机构应建立合规监测机制，实时监控市场动态和交易活动，及时发现潜在的合规问题。同时，建立合规报告体系，定期向监管机构和内部管理层报告合规状况。

8. 监管沟通与合作

金融机构应与监管机构保持良好的沟通和合作关系，及时了解监管政策的变化，并在必要时寻求监管指导。

9. 新兴技术应用

金融机构应利用现代信息技术，如大数据分析、人工智能等，提高合规管理的效率和准确性。新兴技术的应用可以帮助金融机构更好地监控交易活动、分析风险和执行合规政策。

10. 持续改进

合规管理是一个持续的过程，需要不断地评估、监控和改进。金融机构应定期审查和更新其合规政策和程序，以应对新的挑战和市场实践。

本章习题

一、单项选择题

1. 金融衍生工具合规管理的主要目标不包括(　　)。
   A. 确保交易合法性　　B. 最大化利润
   C. 保护投资者利益　　D. 预防和控制风险
2. 金融衍生工具风险产生的原因不包括(　　)。
   A. 市场因素的不确定性　　B. 交易对手信用状况的变化
   C. 流动性不足　　D. 固定的市场利率
3. 下列选项中,(　　)不是金融衍生工具风险的主要特征。
   A. 杠杆效应　　B. 复杂性　　C. 透明度　　D. 流动性差异
4. 金融衍生工具的杠杆效应指的是(　　)。
   A. 减少投资成本　　B. 增加投资收益
   C. 以较小的投资影响较大的市场价值　　D. 限制市场影响力
5. 在险价值(VaR)衡量的是(　　)。
   A. 信用风险　　B. 市场风险　　C. 流动性风险　　D. 法律风险
6. 压力测试在金融衍生工具风险管理中的作用是(　　)。
   A. 预测市场未来走势　　B. 评估极端市场情况下的潜在损失
   C. 增加市场交易量　　D. 降低交易成本
7. 下列选项中,(　　)不是用于管理金融衍生工具风险的策略。
   A. 对冲　　B. 套期保值　　C. 杠杆投资　　D. 分散投资
8. 金融衍生工具汇率风险的特点不包括(　　)。
   A. 波动性　　B. 不可预测性　　C. 杠杆效应　　D. 单币种风险
9. 金融衍生工具合规管理在风险控制中的作用不包括(　　)。
   A. 预防违规行为　　B. 提高市场效率
   C. 减少市场信息不对称　　D. 增加市场投机行为
10. 金融衍生工具合规管理中不推荐的做法是(　　)。
   A. 定期进行合规培训　　B. 建立独立的合规部门
   C. 忽视监管政策的变化　　D. 实施交易和活动的实时监控

二、多项选择题

1. 金融衍生工具的汇率风险特点包括(　　)。
   A. 波动性　　B. 不可预测性　　C. 杠杆效应　　D. 多币种风险
2. 金融衍生工具的风险度量方法包括(　　)。
   A. 敏感性分析　　B. 历史模拟法
   C. 蒙特卡罗模拟　　D. 技术分析

3. 合规问题整改的步骤可能包括(　　)。
A. 问题识别　　B. 原因分析
C. 整改措施制定　　D. 整改效果验证
4. 金融衍生工具合规管理的积极影响包括(　　)。
A. 为业务创新提供法律依据和规范指导
B. 增强风险管理,提升业务运营的稳健性
C. 提高市场的透明度和规范性
D. 增强投资者保护,提高投资者对券商业务的信任度
5. 金融衍生工具合规管理中,持续改进与更新的措施可能包括(　　)。
A. 定期审查合规政策　　B. 更新风险管理方法
C. 利用技术提高合规效率　　D. 增加合规部门人员
6. 金融衍生工具的杠杆效应可能导致(　　)。
A. 收益放大　　B. 损失放大
C. 投资成本降低　　D. 投资风险降低
7. 金融衍生工具合规管理的目标包括(　　)。
A. 确保交易合规　　B. 保护投资者利益
C. 维护市场稳定　　D. 提高金融机构的盈利能力
8. 在金融衍生工具风险度量中,可能影响期权定价的 BS 模型的因素有(　　)。
A. 无风险利率　　B. 股票价格的波动率
C. 期权的执行价格　　D. 交易者的个人偏好
9. 下列选项中,(　　)属于金融衍生工具的非系统性风险。
A. 个别公司破产风险　　B. 行业风险
C. 市场流动性风险　　D. 宏观经济风险
10. 期货市场风险管理的策略包括(　　)。
A. 系统性风险管理　　B. 非系统性风险管理
C. 套期保值和对冲策略　　D. 风险中性资产组合的构建

三、判断题

1. 金融衍生工具合规管理流程不包括合规审计与检查。(　　)
2. 金融衍生工具风险主要指在交易过程中可能遭受的损失。(　　)
3. 合规风险是金融衍生工具特有的风险。(　　)
4. 压力测试是一种衡量金融衍生工具在极端市场条件下潜在损失的方法。(　　)
5. 杠杆效应可以使得金融衍生工具的风险敞口缩小。(　　)
6. 金融衍生工具的敏感度指的是对市场参数变化的敏感性。(　　)
7. 金融衍生工具主要用于投机目的,而不是用于风险管理。(　　)
8. 金融机构应建立完善的内部控制体系,以加强网络金融业务的风险防控。(　　)
9. 金融衍生工具的流动性风险是指投资者无法在短时间内以合理价格买入或卖出这些工具的风险。(　　)
10. 利率衍生工具不受通货膨胀率变化的影响。(　　)

四、简答题

1. 金融衍生工具风险的定义是什么？
2. 简述金融衍生工具风险的类型。
3. 简述金融衍生工具风险的特征。
4. 简述金融衍生工具的种类。
5. 金融衍生工具合规管理的原则包括哪些？

五、案例分析题

某国际投资银行A在全球范围内从事多种金融衍生工具交易。近期，该银行开发了一种新型的场外衍生产品，旨在为客户提供定制化的风险管理解决方案。然而，在产品推出后不久，监管机构B对该投资银行进行了合规审查，发现该投资银行在新产品的风险评估和合规培训方面存在不足。具体来说，投资银行A未能充分评估新产品的信用风险和市场风险，同时，对员工学习掌握新产品合规要求的培训也不够充分。

监管机构B应如何与投资银行A合作，以确保金融衍生工具的合规性和风险管理的有效性？

第八章

网络金融风险合规管理

学习目标

知识目标

● 理解网络金融风险的内涵、种类及其在数字金融领域的具体表现，掌握网络金融风险与合规管理的相互关系。

● 学习网络金融风险评估的基本框架和技巧，掌握相关风险识别、分析和评价方法。

● 掌握网络金融风险合规管理的基本原则、目标及其在风险控制中的作用，了解不同国家和地区对网络金融风险合规管理的法规要求。

能力目标

● 能够独立设计和实施网络金融风险管理与合规策略，以适应不断变化的监管环境。

● 培养分析和解决网络金融风险问题的能力，包括风险预警、应对策略制定和危机管理。

思政目标

● 培养爱国情怀和社会责任感，树立国家金融安全大局意识。

● 强化守住不发生系统性金融风险的底线意识。

学习重点

● 网络金融风险的定义、分类及特征。

● 网络金融风险评估的方法和工具。

● 网络金融风险合规管理的基本原则和实施策略。

● 国内外网络金融风险合规管理的法规要求及其对风险管理的影响。

● 网络金融风险管理与合规策略在实际工作中的应用和挑战。

内容结构

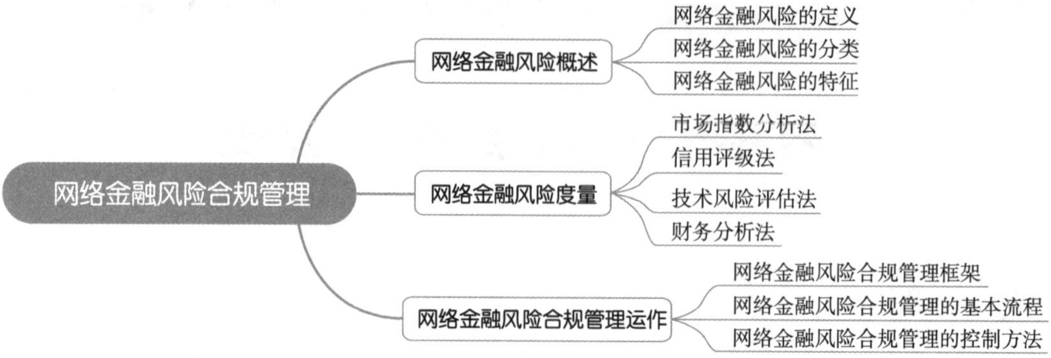

第一节　网络金融风险概述

引导案例

一年半内非法吸收资金500多亿元，受害投资人遍布全国31个省市区……2016年1月14日，备受关注的“e租宝”平台的21名涉案人员被北京检察机关批准逮捕。其中，“e租宝”平台实际控制人、钰诚集团董事会执行局主席丁宁，涉嫌集资诈骗、非法吸收公众存款、非法持有枪支罪及其他犯罪。此外，与此案相关的一批犯罪嫌疑人也被各地检察机关批准逮捕。

“e租宝”是“钰诚系”下属的金易融(北京)网络科技有限公司运营的网络平台。2014年2月，钰诚集团收购了这家公司，并对其运营的网络平台进行改造。2014年7月，钰诚集团将改造后的平台命名为“e租宝”，打着“网络金融”的旗号上线运营。

办案民警介绍，2015年底，多地公安部门和金融监管部门发现“e租宝”经营存在异常，随即展开调查。公安机关发现，至2015年12月5日，“钰诚系”可支配流动资金持续紧张，资金链随时面临断裂危险；同时，钰诚集团已开始转移资金、销毁证据，数名高管有潜逃迹象。为了避免投资人蒙受更大损失，2015年12月8日，公安部指挥各地公安机关统一行动，对丁宁等“钰诚系”主要高管实施抓捕。

办案民警表示，此案案情复杂，侦查难度极大。“钰诚系”的分支机构遍布全国，涉及投资人众多，且公司财务管理混乱，经营交易数据量庞大，仅需要清查的存储公司相关数据的服务器就有200余台。为了毁灭证据，犯罪嫌疑人将1 200余册证据材料装入80余个编织袋，埋藏在安徽省合肥市郊外某处6米深的地下，专案组动用两台挖掘机，历时20余小时才将其挖出。

警方初步查明，“钰诚系”的顶端是在境外注册的钰诚国际控股集团有限公司，旗下有北京、上海、蚌埠等八大运营中心，并下设融资项目、“e租宝”线上销售、“e租宝”线下销售等八大业务板块，其中大部分板块都围绕着“e租宝”的运行而设置。

办案民警表示，从2014年7月“e租宝”上线至2015年12月被查封，“钰诚系”相关犯罪嫌疑人以高额利息为诱饵，虚构融资租赁项目，持续采用借新还旧、自我担保等方式大量非法吸收公众资金，累计交易发生额达700多亿元。警方初步查明，“e租宝”实际吸收资金500余亿元，涉及投资人约90万名。

资料来源：作者根据网络资料归纳整理。

案例讨论

（1）本案例中出现了怎样的风险事故？

（2）分析一下这些风险产生的原因。

案例讨论参考答案

一、网络金融风险的定义

网络金融风险是指在网络金融活动过程中，由各种不确定性因素导致的资金损失、信誉损害、操作故障、法律诉讼或监管处罚等潜在负面影响。这种风险的产生与网络金融特有的运作模式紧密相关，涉及通过互联网进行的资金募集、借贷、投资、支付、保险等多种金融活动。

由于网络金融的开放性和互联互通性，一旦发生风险事件，其影响往往迅速扩散，对整个金融系统的稳定性构成威胁。网络金融平台通过互联网连接了数以亿计的用户和交易，形成了庞大的金融交易网络。这种网络的复杂性和动态性使得任何微小的问题都有可能迅速放大并蔓延至整个网络，造成连锁反应。

二、网络金融风险的分类

（一）信用风险

信用风险是网络金融领域的一种主要风险类型，尤其在个人对个人（P2P）借贷和众筹等去中心化金融活动中表现突出。由于网络金融平台的匿名性和跨地域性，借款方的信用评估变得更加复杂。平台可能因缺乏严格的信用审查机制，无法准确评估借款方的信用状况和还款能力，从而增加了贷款违约的可能性。此外，网络金融的便捷性和低门槛也可能导致一些信用不良的借款人进入市场，增加了信用风险的发生概率。同时，网络金融平台的风控措施如果不够完善，如缺乏有效的贷后管理和风险预警机制，也可能导致信用风险的积聚和爆发。

（二）技术风险

技术风险是网络金融领域一个日益突出的问题，特别是在高度数字化和自动化的金融操作中。网络金融机构的业务运转高度依赖信息技术系统，包括在线交易平台、移动银行应用、自动清算系统和客户关系管理系统等。这些系统一旦发生故障或遭受安全威胁，就可能导致服务中断、资金损失、客户信息泄露等,甚至会对网络金融机构的声誉和客户信任度造成长远影响。

(三) 声誉风险

声誉风险是指金融机构由市场负面舆论、不当行为、管理失误或违反法律法规等行为导致的公众信任下降,进而影响其品牌价值和业务运营的风险。在网络金融领域,由于信息传播速度快,一旦发生声誉事件,其负面影响可能迅速扩散,对金融机构的打击往往是毁灭性的。

(四) 隐私风险

隐私风险指的是网络金融机构在处理用户个人信息时可能发生的泄露、滥用或不当存储等事件导致用户隐私受到侵犯的风险。随着大数据和云计算技术的应用,网络金融机构掌握着大量用户的敏感数据,包括身份信息、财务状况、交易记录等。这些信息一旦被未经授权的第三方获取,不仅会侵害用户的个人隐私,还可能导致用户遭受金融诈骗或身份盗窃等风险。

(五) 法律和合规风险

法律和合规风险指的是网络金融机构在运营过程中可能因违反法律法规、监管规定或行业标准而面临的风险。这包括但不限于违反反洗钱法规、不遵守数据保护法规、金融产品销售的不规范行为、未获得相应金融牌照而从事金融活动等。随着网络金融的快速发展,监管政策也在不断更新,网络金融风险合规管理显得尤为重要。

网络金融机构必须建立严格的合规管理体系,确保所有业务流程和操作都符合最新的法律法规要求。这需要机构设置专门的合规部门,定期对业务进行合规审查,对员工进行合规培训,提高他们的法律意识和合规操作能力。同时,机构还需要建立有效的内部控制机制,包括合规审计、风险评估和纠正措施等,以确保及时发现并解决合规问题。

在全球化的背景下,网络金融机构还必须关注跨境业务的合规问题,遵守不同国家和地区的法律法规。这可能需要网络金融机构与国际法律顾问合作,确保合规性。此外,随着监管科技的发展,网络金融机构可以利用先进的技术手段,如人工智能、大数据分析和区块链等,提高合规管理的效率和准确性。

网络金融风险合规管理不仅有助于避免法律制裁和监管处罚,还能够增强消费者和市场对机构的信任,提升机构的品牌形象和市场竞争力。通过有效的合规管理,网络金融机构可以在遵守法律法规的前提下,实现可持续和稳健的发展。

(六) 新兴风险

新兴风险是指随着金融科技的快速发展而出现的新型风险类型,这些风险的特征往往与传统金融业务的风险存在显著差异,需要金融机构和监管机构采取新的管理策略和应对措施。在网络金融领域,新兴风险大致包括以下几类。

1. 加密货币风险

随着比特币、以太币等加密货币的兴起,其价格波动性大、交易安全性不足、合法性存疑以及可能被用于非法交易等风险日益凸显。

2. 去中心化金融风险

去中心化金融项目利用区块链技术提供去中心化的金融服务，但智能合约的安全性不足、项目透明度欠缺和监管缺失等问题可能导致资金损失。

3. 网络借贷平台风险

P2P 网络借贷平台虽然提供了便捷的借贷服务，但也存在信用风险、流动性风险及平台运营风险。

4. 众筹风险

众筹作为一种创新的融资方式，可能面临项目失败、资金挪用、法律合规性不足等风险。

5. 金融大数据风险

金融机构在利用大数据进行客户分析、信用评估时，可能涉及数据隐私泄露、数据安全漏洞和数据偏见等问题。

6. 人工智能风险

人工智能在金融领域的应用可能带来算法偏见、模型透明度不足、决策失误等风险。

7. 供应链金融风险

供应链金融通过整合上下游企业的资金流和物流信息提供融资服务，但信息不对称、核心企业信用风险等问题可能引发连锁反应。

8. 跨境支付风险

随着跨境电子商务的发展，跨境支付业务快速增长，但汇率变动、资金结算风险、反洗钱合规等问题也随之而来。

三、网络金融风险的特征

网络金融风险具有以下主要特征。

（一）技术依赖性

网络金融风险的一个核心特征是其高度的技术依赖性。网络金融平台和系统的运行严重依赖信息技术，如网络安全、数据存储、云计算等。任何技术故障、系统缺陷或安全漏洞都可能导致服务中断、数据泄露或资产损失。技术依赖性要求网络金融机构必须不断投资于技术升级和维护，以保障平台的稳定和安全。

（二）传播迅速性

网络金融风险具有传播迅速的特征。在互联网环境下，信息传播速度快，一旦发生风险事件，如网络安全事件或欺诈行为，其负面影响可能迅速扩散至整个网络，引发连锁反应。这种传播迅速性要求网络金融机构必须建立快速响应机制，以便在风险发生时能够及时采取措施，控制风险的扩散。

（三）隐蔽性

网络金融风险往往具有较强的隐蔽性。与传统金融活动相比，网络金融活动的匿名性和跨地域性使得一些风险因素更难以察觉，如身份盗用、欺诈行为等。此外，一些技术风险，如系统漏洞或恶意软件，也可能长时间潜伏，难以被发现。隐蔽性要求网络金融机构必须建立有效的风险监测和预警系统，以便及时发现和处理潜在的风险。

（四）跨界融合性

网络金融风险具有跨界融合的特征。网络金融业务往往涉及多个领域和行业，如金融、技术、法律等，其风险因素也具有跨界性。例如，网络金融平台可能面临来自技术领域的安全风险，同时也可能面临来自金融领域的信用风险和市场风险。跨界融合性要求网络金融机构必须具备跨领域的风险管理能力，以便全面识别和管理各种风险。

（五）数据驱动性

网络金融风险具有数据驱动的特征。网络金融机构在运营过程中产生和收集了大量的数据，包括用户数据、交易数据、行为数据等。这些数据不仅为风险评估和管理提供了重要的信息支持，也可能成为风险的来源，如数据泄露或滥用。数据驱动性要求网络金融机构必须加强数据管理和保护，确保数据的安全和合规使用。

（六）监管适应性

网络金融风险的管理需要考虑监管适应性。由于网络金融业务的创新性和复杂性，监管政策也在不断更新和完善。网络金融机构必须及时了解和适应监管要求的变化，确保业务的合规性。同时，监管适应性也要求监管机构建立灵活的监管机制，以适应网络金融业务的发展和变化。

学中做，做中学

（1）在网络金融活动中，你认为哪些行为或决策可能暴露于网络金融风险之中？

（2）如果你是一名网络金融用户，你会如何根据个人风险偏好来选择金融产品？

（3）在使用网络金融服务进行日常支付或转账时，你会如何考虑操作风险？

“学中做，做中学”参考答案

第二节　网络金融风险度量

引导案例

租米贷是一家提供在线消费贷款服务的网络金融平台。该平台通过便捷的在线申请流程和快速的审批机制迅速吸引了大量年轻用户。然而，由于缺乏有效的风险控制措施，租米贷在 2018 年遭遇了严重的信用风险危机，导致大量贷款逾期，最终平台倒闭。

租米贷在风险管理上的不足主要表现在对借款人信用评估的不严格和对市场风险的估计不足。平台为了快速扩大市场份额，放松了贷款审批标准，未能充分识别和筛选高风险借款人。同时，租米贷也没有建立起有效的风险预警和应对机制，当市场环境发生变化，如经济下行、就业率下降时，贷款违约率急剧上升，平台却无法及时做出反应。

资料来源：作者根据网络资料归纳整理。

案例讨论

（1）租米贷在网络金融风险度量方面存在哪些不足？

（2）网络金融平台应如何进行有效的风险度量和管理？

案例讨论参考答案

一、市场指数分析法

市场指数分析法是一种评估金融系统稳定性和风险水平的方法，它通过构建和分析反映市场整体或特定细分市场状况的指数来进行评估。该方法利用统计和计量经济学技术，结合金融市场数据，创建反映市场情绪、流动性、波动性和其他关键风险因素的综合指数。这些指数能够为监管机构、投资者和金融机构提供市场风险的宏观视角和实时监控。

市场指数作为衡量和分析金融市场表现的重要工具，包括股票市场指数（如标准普尔 500 指数和纳斯达克综合指数），债券市场指数（如巴克莱全球债券指数），特定行业或板块指数，反映投资者情绪和市场信心的市场情绪指数，衡量市场流动性和波动性的流动性指数和波动性指数，宏观经济指数，信用风险指数，关注公司环境、社会和治理表现的可持续性或社会责任指数，以及房地产和商品市场的指数等。这些指数为投资者、金融机构和监管机构提供了对市场趋势、风险水平和经济健康状况的深入洞察，帮助他们做出更明智的投资和管理决策。例如，通过分析市场参与者的交易行为、投资者情绪调查、媒体报道等数据，构建市场情绪指数，以评估乐观或悲观情绪对市场稳定性的影响。

二、信用评级法

信用评级法是一种评估金融工具或实体信用价值的方法，它通过分析与量化借款人偿还债务的能力和意愿来进行评估。这种方法利用统计和计量经济学技术，结合财务数据和市场信息，创建反映信用风险水平的评级系统。这些评级能够为投资者、贷款人和监管机构提供债务工具信用质量的宏观视角和实时评估。

金融机构信用评级的主要分析项目可分为外部环境分析、经营管理状况分析、业务及其风险分析、资产质量分析、筹资能力分析、清偿能力分析等，主要涉及以下内容。

（1）金融机构经营管理与业务发展水平。

（2）资产质量与财务状况，包括资本充足率、贷款收益率与稳健程度、财务稳定性、支付能力等。

（3）外部环境，包括行业发展状况、经济发展情况、政策法规的变动、外部支持因素等。

（4）值得注意的突出问题，包括是否存在支付危机，是否有违规违法行为，高级管理人才的变更,重大政策出台对金融机构有无大的影响,是否存在道德风险问题,等等。

信用等级的设置可参照国际信用评级惯例,采用三等十级制,即 AAA、AA、A、BBB、BB、B、CCC、CC、C、D,对每一个信用级别分别规定具体的标准。

【案例 8-2-1】 近年来,江苏省南京市税务部门持续推进纳税信用建设,每年依据采集到的企业日常税收遵从记录,通过诚信意识、遵从能力、实际结果和失信程度 4 个维度、近 100 项评价指标,对企业纳税人信用状况进行评价,评价结果由高到低,分为 A、B、M、C、D 五个等级。

这个信用结果并不是空名。据南京市税务局相关工作人员介绍,为持续深化纳税信用评价结果的良性运用,南京市税务部门联合多家金融机构,进一步加强税、银、企三方信息共享,通过“以税测额、以信放贷”的工作理念,把优质纳税信用作为解决企业融资难题的“金钥匙”。

“基于企业纳税大数据分析运用,我们银行向依法诚信纳税的小微企业或企业实际控制人推出了线上纯信用贷款产品‘税微贷’,可以实现客户立即申请,立即放款,突破小微企业‘融资难、担保难’的瓶颈,让企业的纳税信用变成了信贷支持的真金白银。”紫金农商银行计财部负责人李友忠介绍。

据统计,截至 2021 年三季度末,紫金农商银行当年利用税务平台信息线上发放“税微贷”171 笔,金额近 5 000 万元。此外,南京银行的“鑫联税”、江苏银行的“税 e 融”等都是面向纳税信用良好的小微企业发放的税银互动信贷产品,在为诚实守信的小微企业增设一个有效融资渠道的同时,又帮助小微企业形成“合规经营、依法纳税”的经营理念,推动社会信用体系建设。

资料来源:中国新闻网.南京试点“以信放贷”:纳税信用成融资“金钥匙”[EB/OL].(2021-12-09)[2025-03-30].https://finance.sina.com.cn/tech/2021-12-09/doc-ikyakumx3061458.shtml.(有改动)

案例讨论

如何确保纳税信用评价体系的公正性和透明度,同时保护企业的商业秘密和个人隐私?

案例讨论参考答案

三、技术风险评估法

技术风险评估法是一种评估企业或项目在技术实施过程中可能面临的风险及其影响的方法。它通过分析技术的成熟度、实施的可行性、技术的市场适应性及技术变革的快速性等因素来进行。这种方法利用项目管理、统计和计量经济学技术,结合技术数据和市场信息,创建反映技术风险水平的评估体系,为投资者、项目管理者和监管机构提供技术项目风险质量的宏观视角和实时监控。技术风险评估法的核心是通过综合评估金融信息系统的资产、威胁、脆弱性、安全措施及业务需求等要素,量化系统面临的安全风险,并提出相应的风险控制措施。

金融机构技术风险评估的主要分析项目可分为技术成熟度分析、技术实施能力分析、市场适应性分析、技术变革速度分析等，主要涉及以下内容。

(1) 技术发展水平与创新能力。

(2) 技术实施的可行性与稳定性，包括技术实施的成本效益分析、技术故障率与维护需求、技术升级的便捷性等。

(3) 市场适应性，包括市场需求的变化趋势、消费者对技术的接受度、技术与现有市场产品的兼容性等。

(4) 技术变革速度，评估技术是否容易被新兴技术所替代，以及技术更新换代的速度。

技术风险评估法需要构建风险评估模型，计算技术风险评分。首先，需要收集相关的技术数据和市场信息并进行预处理，这些数据和信息可能包括技术发展报告、研发支出、技术专利数量、市场调研数据、行业技术标准等。数据预处理步骤包括清洗数据、处理缺失值和异常值。其次，基于研究目的和市场特性，选择能够反映技术风险的指标，如研发投入比率、技术故障率、技术升级周期等。再次，使用统计模型来确定各指标的权重和相关性，这可能包括多标准决策分析、技术生命周期分析等方法；同时，利用计量经济学方法，如时间序列分析、回归分析等，来评估指标之间的长期关系和技术风险的影响。最后，根据模型结果，计算技术风险评分，并通过历史技术变革数据和市场事件来验证评估体系的准确性和有效性。

四、财务分析法

财务分析法是一种评估企业财务状况和运营绩效的方法，它通过分析财务报表和相关财务指标来评估企业的偿债能力、盈利能力、运营效率和发展潜力。这种方法利用会计和财务分析技术，结合企业的财务数据，创建反映企业财务健康状况的评估体系，为投资者、债权人、管理层和监管机构提供企业财务质量的宏观视角和实时监控。

在进行财务分析时，主要分析项目可分为以下几个方面。

(1) 偿债能力分析：评估企业偿还短期和长期债务的能力，主要指标包括流动比率、速动比率、资产负债率等。

(2) 盈利能力分析：分析企业的盈利水平和盈利质量，主要指标包括净利润率、毛利率、净资产收益率等。

(3) 运营效率分析：评估企业资产和资源的使用效率，主要指标包括存货周转率、应收账款周转率、总资产周转率等。

(4) 发展潜力分析：分析企业的增长潜力和持续发展能力，主要指标包括营业收入增长率、净利润增长率、研发投入比率等。

(5) 现金流量分析：评估企业的现金流入和流出情况，以及现金流量的健康程度，主要指标包括现金流量比率、自由现金流等。

财务分析法的核心是构建财务评估模型和计算财务评分。首先，需要收集企业的财务报表，包括利润表、资产负债表和现金流量表。其次，基于研究目的和行业特性，选择能够反映企业财务状况的指标。再次，使用财务分析方法来确定各指标的权重和相关性，这可能包括比率分析、趋势分析、因素分析等；同时，利用会计和财务分析方法，如杜邦分析、现金流量分析等，来评估指标之间的长期关系和企业的财务风险。最后，根据模型结果，计算财务评分，并通过历史财务数据和市场事件来验证评估体系的准确性和有效性。

第三节 网络金融风险合规管理运作

引导案例

唐小僧曾经一度被誉为民间四大高额返利平台，其他三家分别是钱宝网、雅堂金融、联壁金融。而这四家全部"爆雷"。唐小僧具体涉案金额目前不详，但涉及投资者范围较广。根据唐小僧微信公众号最新介绍，此前注册用户数已达到 1 000 万，粗略按照行业 1%的转化率计算，有效投资用户也有 10 万人。

根据唐小僧披露的数据，截至 2018 年 5 月 31 日，唐小僧累计借贷金额达 9.32 亿元，借贷余额亦为 9.32 亿元，借贷余额笔数为 53 994 笔，当前及累计借款人数量均为 948 人，其中前十大借款人待还金额占比约为 1.35%，最大单一借款人待还金额占比约为 0.18%。诡异的是，5 万多笔借贷逾期为零，基本不可信。

作为收购唐小僧母公司的主角，瑞宝力源的"央企"背景的确吸引了投资者眼球，那么瑞宝力源到底是一家怎样的"央企"？据媒体报道称，瑞宝力源的"央企"背景其实是指背后的母公司中国瑞宝国际合作有限公司，其官网显示"中国瑞宝国际合作有限公司是经国务院批准，于 1985 年在国家工商行政管理总局登记注册的国家级国际经济技术合作公司"，但该公司在经过一系列股权变更之后，已经变成民营企业，而非其宣传的所谓"央企"。

唐小僧本身，自称是个人对金融机构(P2F)模式，资产都是银行级别，安全可靠，但实际上其资产并非来自金融机构，而是个人。此外，投资者维权群里，有不少投资者表示，在购买唐小僧产品前根本看不到产品的具体信息，只能在投资后查看产品信息，而投资合同只能看到债权转让协议，无论是债权类资产还是收益权类资产，都无法看到唐小僧与借款方的借款合同和理财产品购买合同，唐小僧募集资金的真实用途，以及还款来源和资产抵押情况也均未披露。更为重要的是，唐小僧自 2015 年 5 月成立以来，发展至今也并未上线银行存管。

资料来源：梁童，刘萌萌，马瑞韦.P2P 网贷平台主要风险研究——以唐小僧为例[J].大众投资指南，2020(1)：41-42.(有改动)

案例讨论

在唐小僧及其他几家高额返利网贷平台接连爆雷的背后，存在哪些根本性的原因和共同的问题？

案例讨论参考答案

一、网络金融风险合规管理框架

网络安全与数据合规规范体系是金融机构为确保符合监管要求，有效识别、评估、监控和控制网络安全与数据合规风险而建立的一套完整体系。该体系应与机构的业务性质、规模和复杂程度相适应，确保其全面性和可靠性，如图 8-3-1 所示。

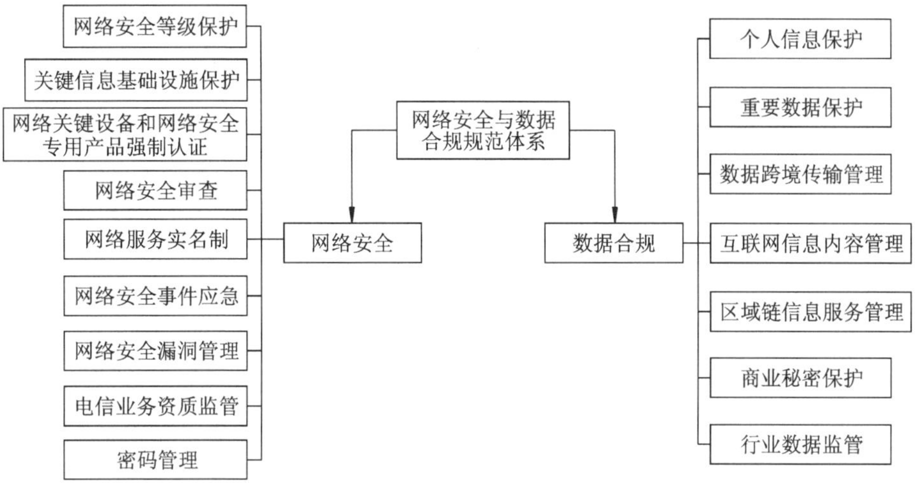

图 8-3-1　网络金融风险合规管理框架

网络安全体系是金融机构保障网络环境安全、抵御网络攻击和威胁的重要机制。它包括对网络进行分等级的保护，确保关键信息基础设施的稳定运行，以及对网络关键设备和网络安全专用产品的强制认证。此外，网络安全体系还涉及网络安全审查，确保网络服务的实名制，以及对网络安全事件的应急管理。它还包括对网络安全漏洞的管理、电信业务资质的监管，以及密码管理，以构建一个全方位的网络安全防护网络。

数据合规体系是为保障数据安全、规范数据处理活动、保护个人和组织合法权益而建立的一系列规则、制度和操作流程的总和，其核心目标是实现数据在收集、存储、使用、传输、共享、安全保障等全生命周期中的合法、正当、必要。

二、网络金融风险合规管理的基本流程

网络金融风险合规管理的基本流程是金融机构为了确保网络安全和数据合规而采取的系统化方法。该流程旨在识别、评估、监控和控制网络金融风险，确保金融机构的操作符合法律法规要求，并保护关键资产免受威胁。以下是网络金融风险合规管理的基本流程。

（一）确立网络金融风险管理策略

金融机构首先需要确立一套全面的网络金融风险管理策略。这通常涉及高级管理层和决策层的参与，确保该策略与金融机构的整体业务战略相协调。这一策略应包括对网络安全和数据合规风险的全面识别，以及评估这些风险对金融机构运营的潜在影响。策略的制定还应考虑到行业最佳实践、监管要求和金融机构的风险承受能力。

（二）网络金融风险评估

在确立了网络金融风险管理策略之后，金融机构必须建立一套网络金融风险评估体系。

这涉及对网络安全威胁和脆弱性的系统性分析,以及对数据保护措施的有效性评估。通过这一评估,金融机构能够确定关键资产、数据分类和敏感信息,并制定相应的保护措施。评估过程可能包括资产识别、威胁建模、脆弱性扫描和风险分析等步骤。

(三)制定和实施风险控制措施

基于评估结果,金融机构需要制定和实施一系列网络金融风险控制措施。这可能包括技术措施(如部署防火墙、加密技术和访问控制)与管理措施(如安全政策、员工培训和应急响应计划)。风险控制措施的实施应确保金融机构能够有效地预防、检测和响应网络金融风险。

(四)建立网络金融风险监测系统

金融机构应建立网络金融风险监测系统,对网络活动进行实时监控,以便及时发现异常行为和潜在威胁。监测系统应与报警机制相结合,确保在检测到风险时能够迅速响应。监测活动可能包括日志管理、入侵检测、异常流量分析和安全事件关联分析等。

(五)制定网络金融风险报告机制

金融机构还应制定网络金融风险报告机制,确保风险管理信息的透明度和及时性。报告应涵盖风险监测结果、风险控制措施的有效性评估、政策遵守情况及任何必要的改进措施。报告的格式和内容应根据金融机构的需求与监管要求来定制,以确保管理层能够基于准确的信息做出决策。

(六)定期审查和更新风险管理体系

金融机构应定期对网络金融风险合规管理体系进行审查和更新,以适应不断变化的网络威胁环境和法规要求。这包括对风险管理策略的定期审计,以及对控制措施的持续优化。审查过程应评估现有措施的有效性,并确定需要改进的领域。

通过这一流程,金融机构能够确保其网络环境的安全性,保护数据不被未授权访问、泄露或破坏,同时满足监管要求,维护金融机构的声誉和客户信任度。网络金融风险合规管理是一个持续的过程,需要金融机构不断地评估、改进和适应新的挑战。

三、网络金融风险合规管理的控制方法

网络金融风险合规管理的控制方法涵盖了一系列策略和技术,旨在降低或消除网络安全威胁对金融机构运营的影响。这些控制方法不仅涉及技术层面的防护,还包括策略制定、人员培训、应急响应等多个维度。以下是网络金融风险合规管理控制方法的详细阐述。

1. 网络金融风险识别与评估

网络金融风险合规管理的首要步骤是识别与评估潜在的网络金融风险。这包括对金融机构资产的全面审查,确定关键信息资产,以及评估这些资产面临的威胁和脆弱性。通过风险评估,金融机构能够了解其网络环境的现状,识别潜在的安全漏洞,并据此制定相应的风险管理策略。

2. 访问控制与身份验证

访问控制是网络金融风险管理中的关键环节。金融机构应实施基于角色的访问控制策略,确保只有授权用户才能访问敏感数据和关键系统。此外,多因素认证机制的引入可以进一步增强访问控制的安全性,防止未授权访问和潜在的内部威胁。

3. 数据加密与保护

数据是金融机构最宝贵的资产之一,因此必须采取适当的加密措施来保护数据的机密性和完整性。无论是在传输过程中还是存储时,敏感数据都应进行加密处理。此外,金融机构还应定期评估加密技术的有效性,并根据需要进行更新。

4. 网络安全监控

实时监控网络活动对于及时发现和响应安全事件至关重要。金融机构应部署网络安全监控系统,以持续跟踪网络流量、用户行为和系统变更。通过设置警报和响应机制,金融机构可以在检测到可疑活动时迅速采取行动。

5. 网络安全策略与程序

金融机构应制定全面的网络安全策略与程序,明确网络安全的基本原则、目标和行动指南。这些策略与程序应涵盖密码管理、数据备份、远程访问、移动设备使用、网络安全事件响应等方面。策略与程序的制定应基于金融机构的风险评估结果,并定期进行审查和更新。

6. 员工培训与意识提升

员工是金融机构网络安全的重要组成部分。因此,金融机构应定期对员工进行网络安全培训,提高他们对网络威胁的认识,并教授他们如何安全地处理数据和使用网络资源。此外,金融机构还应培养一种安全文化,鼓励员工在日常工作中采取负责任的安全行为。

7. 应急响应与灾难恢复

金融机构必须制定应急响应计划与灾难恢复计划,以应对网络攻击、数据泄露或其他安全事件。这些计划应包括事件识别、响应、恢复和后续改进的详细步骤。通过定期演练和测试这些计划,金融机构可以确保在真实事件发生时能够迅速有效地响应。

8. 合规性审查与审计

金融机构应定期进行合规性审查与审计,确保其网络金融风险管理措施符合所有相关的法律法规要求。这包括数据保护法律、隐私法律、网络安全法律及其他行业特定的法规。合规性审查有助于识别潜在的合规风险,并确保及时采取纠正措施。

9. 第三方风险管理

随着金融机构越来越依赖第三方供应商和服务提供商,第三方风险管理成为网络金融风险合规管理的一个重要方面。金融机构应对第三方进行尽职调查,确保它们遵守相同的安全标准,并在合同中明确安全要求。

10. 技术防护措施

金融机构应部署一系列技术防护措施,包括防火墙、入侵检测系统、恶意软件防护、网络分割等,以保护网络不受外部攻击和内部威胁的影响。这些技术措施应定期评估和更新,以应对不断演变的网络威胁。

11. 风险限额管理

类似于市场风险合规管理,网络金融风险合规管理也可以采用限额管理法。金融机构可以设定网络风险限额,如安全事件响应时间、数据泄露量等,以确保网络金融风险控制在可接受的范围内。

12. 风险对冲

网络风险对冲可以通过多种方式实现,例如通过冗余系统、数据备份和灾难恢复站点来减少系统故障的影响。此外,金融机构还可以通过购买网络安全保险来对冲潜在的财务损失。

本章习题

一、单项选择题

1. 网络金融风险合规管理的基本流程中,首先需要(　　)。
   A. 确立网络金融风险管理策略　　B. 进行网络金融风险评估
   C. 制定和实施风险控制措施　　D. 建立网络金融风险监测系统
2. 网络金融风险度量的方法不包括(　　)。
   A. 市场指数分析法　　B. 信用评级法
   C. 技术风险评估法　　D. 客户满意度分析法
3. 网络金融风险的传播迅速性源于(　　)。
   A. 网络金融的开放性　　B. 网络金融的匿名性
   C. 网络金融的地域性　　D. 网络金融的复杂性
4. 以下措施不能有效降低互联网金融的操作风险的是(　　)。
   A. 建立健全内部控制体系　　B. 加强员工培训和教育
   C. 引入高风险投资以获取高回报　　D. 定期进行风险评估和审计
5. 在互联网金融中,以下措施对于保护客户隐私和数据安全最为重要的是(　　)。
   A. 加强网络安全防护　　B. 引入第三方支付平台
   C. 降低服务成本　　D. 提高服务效率
6. 以下行为不属于互联网金融业务中常见违规行为的是(　　)。
   A. 非法集资　　B. 虚假宣传
   C. 未经客户同意收集个人信息　　D. 提供优惠的贷款利率
7. 以下措施有助于加强互联网金融业务的合规管理的是(　　)。
   A. 减弱监管力度　　B. 鼓励无序竞争
   C. 建立健全法律法规体系　　D. 忽略市场变化
8. 信用评级法在网络金融风险度量中的作用不包括(　　)。
   A. 评估金融工具的信用价值　　B. 预测市场的未来趋势
   C. 提供债务工具信用质量的宏观视角　　D. 分析借款人偿还债务的能力和意愿
9. 互联网金融业务的合规管理主要关注(　　)。
   A. 技术创新　　B. 经济效益　　C. 法律法规遵守　　D. 市场占有率
10. 网络金融风险中的隐私风险主要涉及(　　)。
   A. 数据泄露　　B. 数据滥用　　C. 不当存储　　D. 以上所有选项

二、多项选择题

1. 下列选项中,(　　)不是网络金融风险的主要特征。
A. 跨界融合性　B. 数据驱动性　C. 监管适应性　D. 用户增长性
2. 网络金融中的市场风险主要包括(　　)。
A. 利率风险　B. 操作风险　C. 信用风险　D. 流动性风险
3. 网络金融风险度量的方法包括(　　)。
A. 市场指数分析法　B. 信用评级法
C. 技术风险评估法　D. 财务分析法
4. 网络金融中,可能增加金融机构的信用风险的因素有(　　)。
A. 借款人违约率上升　B. 经济衰退导致还款能力下降
C. 金融机构品牌推广活动　D. 金融机构获得行业奖项
5. 技术风险评估法在网络金融风险度量中的作用不包括(　　)。
A. 评估技术的成熟度　B. 分析技术的市场适应性
C. 评估技术变革的快速性　D. 预测技术的未来发展方向
6. 网络金融风险度量中的财务分析法不涉及(　　)。
A. 偿债能力分析　B. 盈利能力分析
C. 现金流量分析　D. 客户行为分析
7. 网络金融中,以下措施有助于保护用户隐私的有(　　)。
A. 实施数据加密和匿名化处理　B. 增加个性化推荐功能
C. 限制第三方数据共享　D. 收集用户行为数据以优化服务
8. 网络金融风险度量中的市场指数分析法涉及的步骤有(　　)。
A. 收集市场数据　B. 数据预处理
C. 选择反映市场情绪的指标　D. 计算综合指数
9. 互联网金融合规风险的主要直接来源有(　　)。
A. 法律法规不完善　B. 业务模式创新
C. 信息技术应用风险　D. 消费者行为变化
10. 网络金融风险合规管理中,以下措施有助于提高数据保护和隐私安全的有(　　)。
A. 加强数据加密措施　B. 定期进行数据安全审计
C. 建立数据访问控制和监控系统　D. 对员工进行数据保护和隐私法规培训

三、判断题

1. 网络金融风险只涉及技术层面,与金融机构的业务模式无关。(　　)
2. 合规管理只是金融机构高层管理者的责任,与普通员工无关。(　　)
3. 在网络金融业务中,金融机构无须考虑客户信息的保护。(　　)
4. 网络金融风险具有传染性和隐蔽性,因此需要加强风险监测和预警。(　　)
5. 金融机构在开展网络金融业务时,可以无视国际金融监管标准。(　　)
6. 网络金融业务的合规管理对于保障金融市场的稳定至关重要。(　　)
7. 加强网络金融业务的风险管理是金融机构防范和化解风险的重要手段。(　　)

8. 金融机构应建立完善的内部控制体系,以加强网络金融业务的风险防控。(　　)

9. 金融机构在推广网络金融产品时,应充分披露产品信息和风险,确保消费者权益得到保护。(　　)

10. 合规管理只须关注法律法规的遵守,无须关注行业惯例和道德标准的执行。(　　)

四、简答题

1. 网络金融风险的定义是什么?
2. 简述网络金融风险的主要类型和特征。
3. 网络金融风险合规管理的基本流程包括哪些步骤?
4. 网络金融风险度量中的技术风险评估法的核心是什么?
5. 网络金融风险度量的方法有哪些?

五、案例分析题

近年来,B公司凭借其创新的金融产品和便捷的服务,迅速在市场上获得了广泛的认可和用户基础。然而,随着公司业务的快速扩张,其网络金融风险也逐渐显现。最近,B公司未能充分披露一款高收益网络金融产品的潜在风险,导致部分投资者遭受了重大损失,引发了监管部门的关注和调查。

请分析B公司在网络金融风险合规管理方面存在的问题,并提出相应的改进建议。

第九章

其他金融风险合规管理

学习目标

知识目标

● 知晓国家风险的含义、特征与种类，理解国家风险的影响因素与度量，熟悉国家风险的合规管理。

● 知晓声誉风险的含义、特征与产生原因，理解声誉风险合规管理流程与方法。

● 知晓战略风险的含义、特点与形成因素，理解战略风险合规管理流程与控制。

● 知晓大数据金融的含义与应用优势，了解大数据金融风险的含义、特征与种类，理解大数据金融风险识别与大数据金融助力金融风险合规管理。

能力目标

● 能正确认知与分析国家风险、声誉风险、战略风险与大数据金融风险。

● 能够应用所学知识确定各种风险类型并能结合实际提出解决风险的思路。

思政目标

● 培养爱国情怀、社会责任感和使命感。

● 树立国家金融安全大局意识与守住不发生系统性金融风险底线的意识，营造良好的金融环境，为经济发展保驾护航。

学习重点

● 国家风险的影响因素与度量，国家风险的合规管理。

● 声誉风险的产生原因，声誉风险合规管理流程与方法。

● 战略风险的特点与形成因素，战略风险合规管理流程与控制。

● 大数据金融风险识别与大数据金融助力金融风险合规管理。

内容结构

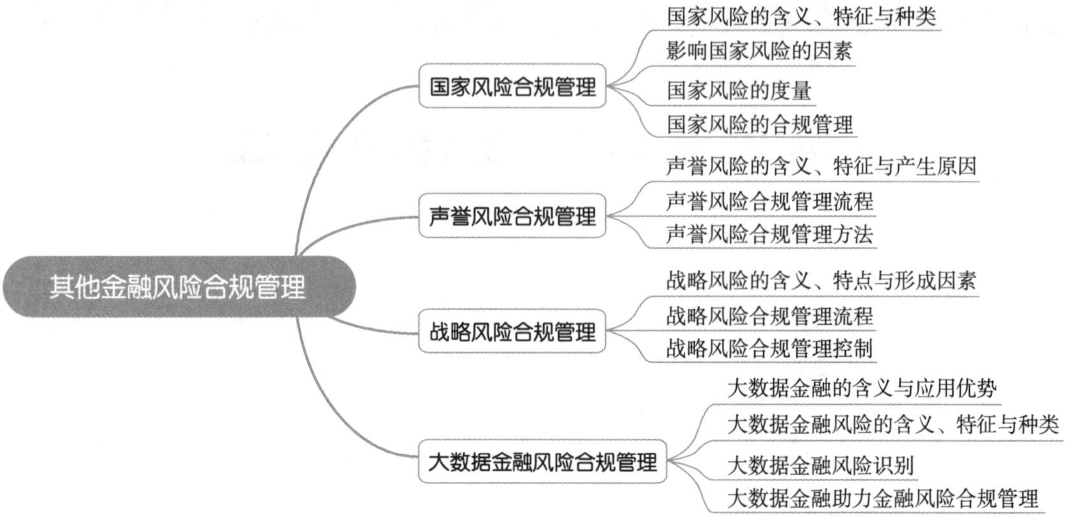

第一节 国家风险合规管理

引导案例

自1984年6月以来，泰国一直实行盯住“一篮子货币”的汇率制度，由于货币篮子中美元权重占比高达80%~82%，泰铢对美元汇率长期维持在25∶1的水平上。泰铢采取的是盯住美元制度，随美元升、贬值。亚洲金融危机爆发之前，由于出口竞争力较强，泰国经济1987—1994年曾以平均10%的增速高速增长，十分抢眼。

然而，伴随着1995年美国经济复苏，美国互联网热潮的兴起吸引大量资金流回美国，美元开始进入上涨周期。盯住美元汇率制度下，泰铢随即也大幅升值，出口受到负面冲击，经常项目逆差迅速扩大。1995年，泰国经常项目逆差占GDP比重由1994年底的5.5%提升至8%。同时，伴随着资金流出，前期泰国积累的房地产与股票市场泡沫相继破灭，泰国经济形势急剧恶化，泰铢面临着越来越大的贬值压力。

正是看准泰国基本面的矛盾与汇率贬值压力，以索罗斯为代表的国际对冲基金自1997年初开始对泰铢发起了连续攻击，先利用向泰国银行借入泰铢远期合约，而后于现汇市场大规模抛售的方式做空泰国汇市。泰国政府采用外汇储备干预对抗做空势力，并一度将离岸拆借利率提高到1 000%打击做空等，一度打压了做空势力。

然而，由于当时泰国的外汇储备只有300多亿美元，面对强大的贬值压力与高达790亿美元的中短期外债，做空态势很快席卷重来。泰国的中央银行于1997年7月2日放弃了泰铢盯住美元的固定汇率制度，同时还宣布将利率从 10.5%提高到 12.5%以期在一定程度上保卫泰铢。当日泰铢便贬值了 18%，而其后泰铢一路下跌 60%，大大超出泰国中央银行的预期。与此同时，泰铢贬值引发的金融危机沉重地打击了泰国的经济发展，引起了挤兑风潮，挤垮银行 56 家，泰国物价不断上涨，利率居高不下，流动资金紧张，股市大跌，经济陷入严重衰退。

资料来源：证券日报.亚洲金融危机对当下的三点启示[EB/OL].(2016-01-30)[2025-04-30].http://intl.ce.cn/specials/zxgjzh/201601/30/t20160130_8650947.shtml.(有改动)

案例讨论

(1) 本案例中泰国出现的金融风险给国家带来怎样的危害？

(2) 请结合案例简单分析一下金融风险产生的原因。

案例讨论参考答案

上述案例告诉我们，在调控国际贸易、国际投机与掌控国际资本流动等方面，国家扮演着至关重要的角色。若调控不当或金融监管不力，可能会给国家的经济发展带来灾难性后果，甚至引发国家风险。那么，什么是国家风险呢？

一、国家风险的含义、特征与种类

（一）国家风险的含义

金融风险中的国家风险是指经济主体在与非本国居民从事信贷、投资、国际经贸与金融交易时，由于别国经济、政治和社会等方面的变化而可能遭受损失的风险。

根据巴塞尔委员会和经济合作与发展组织的定义，狭义的国家风险指国际资本流动过程中东道国面临的危险程度，广义上的国家风险指特定的国家层面因素通过直接或间接渠道导致国际经济活动偏离预期造成的损失及其可能性。

（二）国家风险的特征

(1) 国家风险是和国家主权有密切关系的风险，表现在东道国制定的有关法律、法令对外国投资者或外国经营者的一些不利规定或歧视待遇。

(2) 国家风险存在或产生于跨国的金融经贸活动中，属于国家之间经济交往的风险。

(3) 国家风险是指一国的个人、企业或机构作为投资者或债权人所承担的风险，这种风险是由不可抗拒的国外因素形成的。

(4) 国家风险源于东道国的法律法规有强制执行性，非合同或契约条款所能改变或免除。

（三）国家风险的种类

(1) 按照引发国家风险的事故性质，国家风险可分为政治风险、社会风险与经济风险。

① 政治风险是指在国际投资中，由于东道国政府在政权、政策法律等政治环境方面的异常变化而给国际投资活动造成经济损失的可能性。政治风险包括政权风险、政局风险、政策风险、对外关系风险，以及国别战争、恐怖事件、政党分裂所导致的风险。

② 社会风险是指由经济或非经济因素导致特定国家的社会环境不稳定，从而使贷款银行不能把在该国的贷款汇回本国而遭受的风险，如宗教、文化冲突，治安不稳定，社会阶层矛盾，种族斗争等。

③ 经济风险是指境外银行仅仅受特定国家直接或间接经济因素的限制，而不能把在该国的贷款等汇回本国所遭受的风险，如低增长、罢工、成本剧增、国际收支恶化、外汇短缺等。

（2）按照债务偿还方式，国家风险可分为贷款间接损失风险、到期不还风险、债务重新安排风险与债务勾销风险。

① 贷款间接损失风险是指国家经济困难或政局动荡，导致银行的贷款收益间接受损。

② 到期不还风险是指利息到期不支付和本金到期不完全偿付，导致银行成本增加和资本损失，资金周转困难。

③ 债务重新安排风险是指用新贷款对原贷款偿本付息，或延期还本付息。

④ 债务勾销风险是指跨国银行迫于债务国的严峻形势，对其债务进行勾销而带来的风险。

（3）按借款者的形态，国家风险可分为政府（主权）风险、私人部门风险、公司风险，以及个人风险等。

（4）按风险大小程度，国家风险可分为高度风险、中度风险、低度风险等。

二、影响国家风险的因素

国家风险在本质上是一个含义很广的概念，特定国家的政治、经济、社会、制度、地理、人文等方面的因素都可以成为国家风险的来源。

1. 政治稳定性

一个国家的政治稳定性对于国家风险具有决定性的影响。如果一个国家政治局势稳定，政府治理良好，那么该国的国家风险通常较低；反之，如果一个国家的政治局势动荡，如频繁发生政治冲突、政权更迭等，那么该国的国家风险通常较高。

2. 经济状况

一个国家的经济状况也是决定国家风险的重要因素。如果一个国家经济繁荣，人民生活水平高，经济发展稳定，那么该国的国家风险通常较低；反之，如果一个国家经济疲软，失业率高，债务负担重，那么该国的国家风险通常较高。

3. 对外贸易状况

一个国家的对外贸易状况也会影响国家风险。如果一个国家对外贸易发达，且贸易伙伴多样化，那么该国的国家风险通常较低；反之，如果一个国家的对外贸易集中于单一伙伴，或者对外贸易依存度过高，那么该国的国家风险通常较高。

4. 政策法规

一个国家的政策法规也会影响国家风险。如果政策法规有利于吸引外资，鼓励创新和创业，那么该国的国家风险通常较低；反之，如果政策法规过于严格或存在不确定性，那么该国的国家风险通常较高。

5. 自然灾害和人为事件

自然灾害是指可能对国际经济和金融交易产生负面影响的自然现象或灾害，如地震、天气变化、流行疾病等。自然风险事件不仅可能以破坏设施等方式直接影响公司资产，也有可能因为库存短缺或员工无法正常工作而间接导致经济金融活动的中断。特别是在基础设施薄弱或地方机构效率低下的国家，自然风险的影响会被显著放大。人为事件如恐怖袭击、战争等，都会对国家风险产生影响。这些事件可能导致社会秩序混乱、基础设施受损等，进而增加国家风险。

以上这些因素并非孤立存在，而是相互交织、共同影响着国家的整体风险水平。此外，信用记录、债务水平、金融机构的稳健性等其他因素也会影响国家风险。这些因素在不同的国家和不同的时间点上可能具有不同的重要性。在评估国家风险时，需要综合考虑这些因素，并采取适当的措施来管理风险。

三、国家风险的度量

国家风险的度量一般被称为“国家风险评估”，其目的是向投资者提供有关国家风险的全面分析，使投资者能有效预判该国未来的总体风险情况。基于这一目的，通常情况下需要根据国家风险的构成因素建立评估模型，从社会政治风险、经济风险和自然风险等方面进行多个维度的量化评估。

（一）列表打分法

列表打分法是指对国家风险的影响因素进行打分，并将打分结果以表格形式呈现的一种方法。通常情况下，分值越高，表示相关风险越小。在评估因素的选择上，一般既包括利率、汇率、经济增长率等客观数据指标，也包括政权稳定、社会稳定、战争可能性等主观判断因素。在列表打分法下，为了最终获得一个国家的国家风险的综合评分，还需要给各种因素设置相应的权重。在给相关因素设置权重的过程中，一般给予那些被认为对国家风险有更大影响的因素更高的权重，如政治风险、国有化风险等。

（二）德尔菲法

德尔菲法也被称为“专家调查法”，在第二次世界大战时期由美国兰德公司首创运用。从本质上看，德尔菲法是一种反馈匿名函询法，主要通过召集各方面专家，并向其提供一系列有关国家风险的同一组问题，然后由各专家分别独立地做出评估；评估结束后，召集者会将汇总结果发回给各专家，再由专家进行修正；通过反复多次地进行这一程序，使得各专家的评估差异不断缩小，直至达成较为一致的意见。

当运用德尔菲法来评估国家风险时，一般需要通过专家函询来收集专家对国家风险的评估意见，然后通过不断地反馈得到最终的国家风险评估结果。为保证评估结果从源头上就具有权威性与可参考性，专家遴选一般涵盖各国经济金融方面的专家学者、高校教授、跨国银行管理人员、国际经济金融组织人员及熟悉东道国各方面情况的专业人士等。

（三）定量分析法

1. 离差分析法

在统计学上，离差分析法又称“变异数分析”，其目标是判断两组或多组数据的总体均数是否相同,或者说检验两个或多个样本数据的均数是否存在显著差异。在国家风险的评估中,一般先将相关国家分为风险较大和风险较小的国家,然后根据两类国家的国家风险评估结果,利用 F 检验来判断其相似程度,并找出导致这两类国家风险评估结果不同的原因。

2. 主成分分析法

主成分分析法是将影响国家风险的多个因素通过一系列的正交变换,简化为少数几个综合性的指标,从而确定国家风险主要影响因素及其权重的方法。在选定的多个因素中,部分因素之间往往存在相关关系,这就会导致关联因素对国家风险的评估产生多次作用,而主成分分析法能通过分析这些因素之间的相关关系,将重复计算的部分去除,从而达到降维的作用。关于主成分分析法的具体流程与方法,目前大部分标准的统计软件都提供相关自动化处理的程序,此处不再赘述。

3. 回归分析法

回归分析法是运用计量模型来测算国家风险对相关影响因素变化的敏感性的方法,一般采用 Logit 模型和 Probit 模型进行分析。

(四) 巡查访问法

巡查访问法是一种到东道国进行实地巡查,通过访问当地的居民、企业、政府官员等实地了解和考察国家各方面情况的方法。该方法强调的是通过亲身了解、咨询与跨国公司相关的利益问题及风险影响因素,感性地认知东道国实际情况,再进行基于亲身实践的评估。在实践中,由于本国或外国的新闻报道、参考论文等通常都带有一定的主观性,可能会影响评估结果的客观性和公正性,因此,巡查访问法在评估国家风险时一直被视为一种与现实情况紧密结合的方法。不过,这一方法也存在成本较高和速度较慢的问题,一般很难对东道国进行面面俱到的实地考察。同时,对于那些处于战火或动乱之中的国家而言,巡查访问几乎是不可能的。

四、国家风险的合规管理

(一) 国家风险合规管理的基本准则

国家风险合规管理主要是针对企业或个人在跨国经营或投资过程中,对目标国家可能出现的政治、经济、社会等风险进行识别、评估、监测和控制的过程。为确保风险管理活动的有效性和规范性,在进行国家风险合规管理时应遵循以下基本准则。

1. 强调事前管理

事前管理是国家风险合规管理的重要原则。在跨国经营或投资前,应充分调研目标国家的政治、经济、法律、文化等背景信息,对潜在风险进行预测和评估。通过建立完善的风险预警机制,及时发现潜在风险并制定相应的应对措施,确保风险管理的主动性。

2. 数量化佐证风险,模拟评估风险

数量化佐证风险是指通过收集和分析量化数据,对风险进行客观评估。通过运用统计学、经济学等科学方法,对风险进行量化分析,可以提高风险评估的准确性和可靠性。同时,数量化佐证风险也有助于决策者更直观地了解风险大小,为制定风险应对措施提供依据。

模拟评估风险是指通过模拟不同的风险情境,对风险可能产生的影响进行预测和评估。通过模拟评估风险,可以深入了解风险事件的发生机理和传播路径,为制定风险应对措施提供科学依据。同时,模拟评估风险也有助于提高企业对风险的应对能力和灵活性。

3. 信用风险评级评估国家风险

信用风险评级是对目标国家信用状况进行评估的重要手段。通过对目标国家的政治稳定性、经济实力、金融状况等方面进行综合评估,可以确定其信用风险等级。这有助于企业在跨国经营或投资过程中选择合适的合作伙伴和交易对象,降低信用风险带来的损失。评估国家风险是对目标国家整体风险水平的综合判断。除了信用风险外,还应考虑其他风险因素,如政策风险、社会风险等。通过全面评估国家风险,企业可以制定更加科学的风险管理策略,确保业务的安全稳定运行。

4. 遵循伦理标准

在进行国家风险管理时,企业应遵循国际公认的伦理标准。企业应诚实守信,遵守法律法规,尊重当地文化习俗,等等,树立良好的企业形象和声誉;同时,也应积极履行社会责任,为当地社会经济发展做出贡献。

(二)设定国家信贷风险限额

贷款银行应经常监视国家贷款限额的执行情况,从而使风险资产保持在一定限度内。一般来说,对某一国家或借款者的贷款限制在银行股本的 10%~20%。对信贷国家应设定放款最大百分比。在实际操作时,根据每个国家的风险、政治情况、偿债能力及其他因素等,在此最高限额内采取弹性信贷。

(1) 资本额设定放款百分比。按资本总额设定贷款给任一国家的最高百分比,通常是就各个国家的风险程度设定不同的百分比。

(2) 按外债状况设定信贷百分比。依据一国的偿债能力,就其所能承担的外债程度,分别设定最高信贷限额,实际信贷额不得高于此最高信贷限额。

(3) 按国家信用评级授予安全信用额度。根据此方法,一国的信贷限额是按国家风险评级的差异加以个别设定的。对信用评分高的国家给予较高的信贷限额,而对信用评分较低者给予较低的信贷限额。

(4) 不预先设立信贷限额,而按交易性质个案决定信贷额度。对信用的核定是按个案性质审理,而非以年度为基础计算全年的信用限额。然而,个案分析法仍须辅以全年度的审查,才能使当期的债务与当期偿债能力配合,并可按预期偿债能力,提供新的信贷额度。

(三)国家风险的化解

国家风险的化解一般可以采取以下方式。

1. 寻求第三方保证

国际性银行在从事跨国贷款时,为减少风险损失,一般均要求借款人寻求第三方对贷款提供保证。

2. 采用银团贷款方式

当国际贷款金额庞大且不易取得第三方保证时,通常采用银团贷款方式,由参加银团贷款的银行共同承担风险,从而避免个别银行单独放款的风险。

3. 贷款力求多元化

贷款多元化是指投资国别分散化和贷款对象多样化。银行一般不是从单个国家的角度来管理国家风险,而是从银行资产组合的总体安全性来把握国家风险。

4. 转贷和债转股方式

当债务国发生债务危机,不再有能力偿还到期的公共及私人的国外债务时,银行的直接损失就已经发生了,但为控制损失的程度,借贷双方往往共同协商,就债务的支付安排做出变动。目前,债转股方法比较受债务国欢迎。虽然银行要接受比原有账面价值低得多的债权市场价值,但该方法至少为债权银行和债务国解决债务问题提供了一个途径。

5. 利用金融衍生工具缓解国家风险

传统贷款的可转让性极低且交易费用高,加上许多银行贷款组合具有很大的相似性,因此贷款交易市场难以深入发展。同时,传统的利率浮动实质上不过是把利率风险由银行转移给债务国,一旦债务危机发生,对银行来说,结果是利率风险转化成为信贷风险。为提高债务的市场可转让性以及便于控制债务国利率风险,西方银行趋于选择具有较高流动性的金融衍生工具代替传统风险缓解手段。

6. 采取风险自留方式

对于一些无法避免和转移的风险,国际投资者应采取积极务实的态度,在不影响自身根本利益的前提下,主动承担所面临的国家风险。自留风险是一种主动的风险控制手段,它要求投资者为承受风险损失而事先做好各种准备工作,修改行为方式,努力将风险损失降到最小程度。

(四)风险性债权合规管理

为了控制国家风险,在实务上,银行常常将国家风险评估结果应用于定期检查国家信贷额度,将最新国家风险资料与实际风险性债权分布和限额做比较,以随时反映风险变化。风险性债权是指银行暴露于某一国家的风险性资产总额。在衡量风险性债权时,最困难的是归宿问题。若一笔国外放款与第三国无任何关联,则其风险归属极为明确,属借款者所在国;而若一笔放款涉及的国家不止一个,风险归属识别便存在极大困难。在观念上,银行对上述风险的归属通常采取两种方式:法律归属(以最后应偿还责任或保障责任的国家为归属)与经济归属(以借款来源所在国为归属)。

第二节　声誉风险合规管理

引导案例

近日,河南省洛阳市汝阳县一网友称,其母亲去银行存钱,发现柜台点钞比在家点的少了500元,质疑后遭一工作人员辱骂,故对该工作人员进行投诉。

该网友在当地一问政平台投诉,2025年7月11日上午,其母亲带着在家中点好的

24 400 元现金，去汝阳农商银行（新城支行）存钱，在柜台点钞发现只有 23 900 元，少了 500 元，询问清点是否有问题，遭到一工作人员辱骂：“谁稀罕你这点钱，没见过你的钱。你在这里哭闹要给我们所有人公开道歉。”对于该网友反映母亲遭辱骂，该工作人员解释并没有骂过她，都是在安抚她。事发后他们报了警，警方进行了处理。

资料来源：潇湘晨报.河南汝阳一女子去银行存钱，质疑点钞少了 500 元后遭辱骂？银行：没有少点和辱骂[EB/OL].(2025-07-16)[2025-07-17].https://baijiahao.baidu.com/s?id=1837779750445996979&wfr=spider&for=pc.（有改动）

案例讨论

（1）本案例中，银行可能产生什么风险？

（2）结合材料简单分析产生这种事件的原因。

案例讨论参考答案

上述案例告诉我们，金融行业由于经营不善或者操作不当等因素可能对银行的声誉产生一定的影响，那么什么是声誉风险呢？

一、声誉风险的含义、特征与产生原因

（一）声誉风险的含义

在《巴塞尔协议Ⅲ》中，声誉风险被定义为交易对手、客户、股东、投资者、债券持有人、研究分析师、其他相关方或监管者对银行的负面看法对银行维持或建立新的业务关系和继续获得融资资金（如通过银行间市场或资产证券化市场）产生负面影响的风险。

2021 年银保监会发布的《银行保险机构声誉风险管理办法（试行）》中，声誉风险被定义为由银行保险机构行为、从业人员行为或外部事件等，导致利益相关方、社会公众、媒体等对银行保险机构形成负面评价，从而损害其品牌价值，不利其正常经营，甚至影响到市场稳定和社会稳定的风险。

总体来看，声誉风险是指客户、交易对手、股东、投资人或监管当局对银行持不乐观态度，从而导致的当期和未来的收益或资本下降，即公众的负面评价导致银行与客户关系终止或中断而产生损失的风险。

（二）声誉风险的特征

声誉风险与信用风险、市场风险及其他金融风险不同，具有衍生性特征，难以直接测算，而且难以与其他风险分离并进行独立处理。金融行业声誉风险具有下列特征。

1. 突发性

金融行业日常工作中的任何一种错误甚至微小失误，以及外部某些不可预测的事件，都有可能引发金融行业的声誉风险，因而声誉危机对金融企业而言具有突发性。

2. 衍生性

声誉风险不可能完全脱离其他风险类别单独存在，而更多地具有衍生性特质。归根究底，声誉风险是一种负面评价。

3. 难计量

金融行业对声誉风险的计量研究还只是刚刚起步。总的来说,定性分析在声誉风险的评估中依然占据主导地位,尤其是对媒体报道进行系统、全面的分析正变得越来越重要,因为媒体报道直接影响利益相关者的感受和期望。

4. 影响广

声誉风险不但会危害商业银行的声誉乃至生存发展,还可能给员工、客户、股东等带来恐慌,甚至会通过连锁反应威胁到其他金融机构的声誉,造成金融体系紊乱等更为严重的后果。

5. 传播快

随着互联网的迅速发展,社会新闻传播速度日益加快。有关金融事件的争议或负面报道一旦被转载,传播范围和社会影响会得到几何级数的放大。此外,媒体的报道多以间接传播为主,缺乏考证使得某些报道严重失实,为金融机构的声誉风险管理带来很大难度。

6. 多样性

金融机构特别是商业银行作为社会公众服务机构和经营货币业务的特殊金融机构,其利益相关者既多又杂。直接的利益相关者主要有商业银行的股东、客户、国内外同业机构、政府、监管部门,间接的利益相关者有媒体及社会各层面主体。各个利益主体都会从不同角度、不同层面对商业银行进行价值判断,从而产生正向声誉和负向声誉两种影响结果。从利益相关者做出负面判断的影响因素来看,其呈现出极其复杂的多样性。例如,银行内发生金融犯罪案件,与利益相关者发生民事诉讼,展业时由于不谨慎做出虚假宣传,管理不到位引发客户投诉,柜员服务质量差引起客户不满,违反金融法规受到有关机构的处罚,等等。这些都可能诱导利益相关者对商业银行做出负面判断。由于做出声誉评价的利益相关者众多,影响商业银行声誉的原因又多种多样,因而声誉风险的种类必然呈现出多样性。

7. 常态性

声誉、声誉风险、声誉风险事件、声誉危机是一个逐次传递的过程。金融机构在发展过程中始终面临来自利益相关者(如政府、监管部门、中介机构、股东、客户等)的正向评价或负向评价。评价的结果不同,对金融机构的影响也大不一样。由于各利益相关者往往受视角、自身利益局限性、信息等的影响,这种不同向的评价结果始终存在,其负面评价所形成的声誉风险也就始终存在。这种并不是由风险因素引发的声誉风险是一种常态化的风险,这种常态风险的爆发最终会造成声誉风险事件的发生,甚至会形成声誉危机。

(三)声誉风险的产生原因

声誉风险产生的原因非常复杂,有可能是金融机构内、外部风险因素综合作用的结果,也可能是非常简单的风险因素就触发了严重的声誉风险。如果金融机构不能恰当地处理这些风险因素,就可能引发外界的不利反映。金融机构特别是商业银行一旦被发现其金融产品或服务存在严重缺陷、内控不力导致违规案件层出不穷等,则即便花费大量的时间和精力进行事后危机管理,也难以弥补对金融机构声誉造成的实质性损害。

1. 民事诉讼案件

金融机构没有履行自身应尽义务导致客户遭受损失,可能引发民事诉讼。金融机构一旦涉及民事诉讼案件，如果处理不当，其声誉将严重受损。例如，拓展业务时进行虚假宣传导致无法兑现承诺，涉嫌不公平交易引发诉讼，单方面宣布对某种服务进行收费引发诉讼，等等。

2. 公众投诉

此类投诉包括银行在零售柜台业务中与客户之间发生误解或争执而导致的投诉事件，客户对产品或服务质量不满意而通过媒体曝光，等等。公众投诉事件如不能通过银行投诉渠道及时加以解决，将给银行声誉造成不良影响。

3. 金融犯罪案件

金融机构发生的金融犯罪案件将使社会公众对其业务管理能力产生怀疑，从而损害企业声誉。

4. 监管机构行政处罚

金融机构因违反金融行业管理法律法规而被监管机构处罚，以及违反财经管理法规被审计、税务、工商行政管理部门处罚等事件，都易引发公众负面评价，使得企业声誉严重受损。

【案例 9-2-1】　2004 年 9 月，花旗集团日本子公司因违反了日本银行法被日本金融厅责令暂停经营银行业务。这一事件令花旗集团的声誉大为受损，业务出现了大幅下滑。为了挽救集团声誉，重获监管当局和社会公众的信任，花旗集团及时采取了一系列应对措施。一是整合组织构造，强化内部程序。免去了 3 名资深管理人员的职务，并在全球范围内建立了一个独立的全球合规部门，强化内部程序。二是公开道歉，态度积极。花旗集团首席执行官查尔斯·普林斯就日本子公司严重违规行为公开道歉，并称公司过于看重短期的经济效益，无视了长远的价值因素。行政上的处分不过是肌肤之痛，声誉上的损害却是公司必须承受的重大损失。正是得益于这些有力的举措和负责任的积极态度，花旗集团成功化解了这一场声誉危机，重新赢得了市场的信任。

案例讨论

(1) 分析案例中花旗银行日本子公司产生声誉风险的原因。

(2) 联系实际同时结合自己的理解说说声誉风险的来源。

案例讨论参考答案

5. 权威评级机构评级降低

由于权威评级机构在市场中占有特殊地位，影响力较大，一旦其调低对金融机构的评级，将可能引发市场投资者和公众的负面猜测，从而引发金融机构声誉风险。

6. 市场传言

市场传言对金融机构的经营管理有时会产生致命的影响。特别是在金融危机蔓延阶段，市场上任何不利甚至荒唐的传言都有可能引发声誉风险。

二、声誉风险合规管理流程

1. 声誉风险识别

声誉风险产生的原因非常复杂,有可能是金融机构内部和外部风险因素综合作用的结果,也可能是非常简单的风险因素就触发了严重的声誉风险。金融机构有必要积极进行机构整体范围内的声誉风险识别和管理,包括制定适当的声誉风险管理政策,充分阐述有效声誉风险管理办法的所有层面,以及真正理解这些做法,并加以贯彻实施。

2. 声誉风险评估

声誉风险评估有助于金融机构将风险按照影响优先排序、优化管理。首先,明确界定金融机构对每一类利益相关者所承担的责任,以及即将执行的决策可能产生的相应风险。其次,声誉风险管理小组处在声誉风险管理的第一线,需要及时、准确地评估公众、客户、股东、监管机构和其他利益相关者所关心的问题。

3. 监测和报告

声誉风险管理小组需要仔细监测和分析所接收到的意见与评论,并采取恰当跟进措施。声誉风险管理小组必须随时通过有效的报告和反应系统,及时将利益相关者对金融机构正面和负面的评价或行动、所有沟通记录和结果,以及金融机构所应当采取的应对措施,经过适当整理,及时汇报给董事会和高级管理层,由最高管理层决定最终的应对方案。在最高管理层制定最终决策之前,金融机构需要客观、谨慎地面对公众和媒体,以消除不利方面的影响。

4. 内部审计

金融机构必须确保其声誉风险管理操作政策和流程定期通过内部审计部门的审核,或通过其他独立的外部专业机构的评估。声誉风险管理应当成为金融机构日常业务操作中的重要部分。虽然很多金融机构已经将声誉风险管理政策融入业务领域和相关金融产品,但金融机构必须通过定期的内部审计和现场检查,保证声誉风险管理政策的执行效果。

三、声誉风险合规管理方法

声誉风险合规管理涉及一系列的方法和策略,旨在通过有效的管理和应对措施,降低或消除可能对金融机构声誉产生负面影响的因素,具体包括以下方法。

1. 风险识别和评估

首先,金融机构需要识别和评估与声誉相关的风险。这包括识别可能对声誉产生负面影响的内部和外部因素,如产品质量问题、管理失误、不当行为、舆论攻击等。通过风险评估,金融机构能够了解风险的潜在影响程度和可能性,这有助于制定相应的应对措施。

2. 危机管理体系和应急预案

金融机构需要建立健全的危机管理体系和应急预案,以应对突发事件和危机情况。这包括建立危机管理团队、制定沟通计划、培训员工应对危机等。及时、透明、有效的危机管理可以减轻危机对声誉的负面影响。

3. 提升透明度和加强沟通

较高的透明度和有效的沟通对于声誉风险管理至关重要。金融机构应建立良好的沟通渠道，及时向利益相关者提供准确、全面的信息，加强与客户、员工、股东、媒体等的互动交流。透明的沟通有助于建立信任、减少猜测和误解，并提升金融机构的声誉和公信力。

4. 利益相关者关系管理

金融机构需要积极管理与利益相关者的关系，包括客户、员工、供应商、合作伙伴、社区等。了解利益相关者的需求和期望，积极回应他们的关切，建立良好的合作关系和信任，这些都有助于减少声誉风险。

5. 综合风险管理

声誉风险合规管理需要与金融机构的综合风险管理相结合。金融机构应综合考虑声誉风险与其他风险（如战略风险、操作风险、法律风险等）的关联和影响，制定综合性的风险管理策略和措施。通过有效的声誉风险合规管理，金融机构可以预防和降低声誉损失的风险。

综上所述，声誉风险合规管理是一个多层次、综合性的过程，需要金融机构从风险识别、评估到应对和恢复的全方位考虑和实施。通过这些方法的有效运用，金融机构可以更好地维护自身声誉，保护品牌价值，并促进长期稳定发展。

学中做，做中学

结合商业银行的实际运营环境，谈谈改善商业银行声誉风险合规管理的操作实践建议。

“学中做，做中学”参考答案

第三节　战略风险合规管理

引导案例

中国平安保险（集团）股份有限公司（简称“平安保险”）是一家以保险业为主，融证券、信托、投资为一体的综合性金融服务集团，是我国第一家国有控股的股份制保险公司。在21世纪之初，平安保险将争创“世界500强400优”视为自己的理想目标。在公司建设发展的过程中，平安保险吸收了中国优秀传统文化和西方现代管理思想的精华，形成了广为外界赞誉的企业文化。

平安保险的企业使命是：对股东负责，稳定回报，资产增值；对客户负责，服务至上，诚信保障；对员工负责，生涯规划，安居乐业；对社会负责，回馈社会，建设国家。平安保险倡导以价值最大化为导向，以追求卓越为过程，做品德高尚和有价值的人，公司形成了“诚实、信任、进取、成就”的个人价值观和“团结、活力、学习、创新”的团队价值观。平安保险为员工描绘的远景和抱负是成为中国企业改革的先锋和金融服务业学习的楷模，建设国际一流的综合金融服务集团。

资料来源：中国平安.战略和价值观：愿景和战略[EB/OL].[2024-11-12].http://www.pingan.cn/about/vision-strategy.shtml.（有改动）

案例讨论

(1) 在平安保险的企业使命中,哪些内容勾画了企业的经营哲学?

(2) 哪些话是对企业愿景(未来展望)的描述? 企业的战略目标是什么?

案例讨论参考答案

上述案例告诉我们,金融行业对将来的规划非常重要,它可以凝聚企业资源,统一企业文化,为企业未来的发展提供目标指南。然而,由于经营环境的变化或者操作不当等因素,企业的战略目标可能很难达到预期,即存在战略风险问题,那么什么是战略风险呢?

一、战略风险的含义、特点与形成因素

(一) 战略风险的含义

企业在制定或执行战略过程中,因外部环境变化、内部决策失误或资源错配等因素,易导致战略目标无法实现、竞争优势丧失或长期价值受损的可能性。尽管核心概念相似,但不同官方机构、行业或学术领域对战略风险的定义和侧重点可能存在差异。以下是一些官方解释及其差异分析。

1. 国际标准化组织

ISO 31000 将战略风险定义为"影响组织整体目标的不确定性",强调风险与组织战略目标的关联性。其定义偏向广义,分为外部因素和内部因素。外部因素包括政策变化、技术颠覆、市场竞争、地缘政治冲突等;内部因素包括战略决策失误、资源分配不合理、组织文化冲突等。其特点在于,强调系统性视角,将战略风险视为企业整体风险管理的一部分,需通过持续的风险识别、评估和应对来管理。

2. 金融监管领域

在金融监管领域(如《巴塞尔协议》),战略风险被定义为"因银行战略决策不当、执行不力或未能适应行业变化而导致损失的风险",例如,过度扩张进入不熟悉的市场;数字化转型失败;对监管变化的应对滞后。其特点在于,聚焦金融行业,强调战略风险对资本充足率和金融稳定的潜在威胁,通过压力测试和情景分析来量化风险。

3. 国务院国有资产监督管理委员会

国务院国有资产监督管理委员会印发的《中央企业全面风险管理指引》提到,在战略风险方面,企业应广泛收集国内外企业战略风险失控导致企业蒙受损失的案例,并至少收集与本企业相关的重要信息。该文件结合中国国情,强调政策风险和市场特殊性,注重国有企业社会责任与经济效益的协调。

综上所述,战略风险是银行在制定与执行战略过程中因战略目标不恰当、执行管理不严格而产生的内部风险,以及在战略执行过程中对外部环境变化应对与调整不及时而产生的外部风险的集合。

(二) 战略风险的特点

战略风险是指企业在战略制定和实施过程中面临的不确定性,其主要特征包括以下几

个方面。

1. 目标不确定性

战略风险产生的原因之一是企业在制定战略目标时存在不确定性。企业需要预测未来的市场环境、竞争态势、技术发展和宏观经济等因素,以便制定出符合实际的目标。

2. 竞争不确定性

企业在竞争市场中面临诸多不确定性,如竞争对手的反应、市场占有率的变动等。战略风险管理的任务之一就是减少竞争不确定性,使企业能够更好地适应市场变化。

3. 技术不确定性

企业在技术选择和开发过程中存在不确定性。技术不确定性可能会导致企业无法按时推出产品或服务,或者产品或服务无法满足市场需求。

4. 宏观经济不确定性

全球化和数字化时代,宏观经济因素对企业的战略成功至关重要。宏观经济不确定性可能导致企业无法预测未来的市场环境和政策变化。

（三）战略风险的形成因素

1. 信息的不完善

战略决策通常需要依赖各种信息和数据,包括市场趋势、竞争对手情况、客户需求等。如果企业管理层没有获得完整且准确的信息,就可能导致制定战略决策时面临不确定性,随着不确定性的增加,可能产生信息盲点,导致企业管理层的决策不全面。

2. 市场的不确定

企业面对的市场大多数是不确定的,外部环境的不确定性是战略风险的主要形成因素之一。宏观经济、政治、社会、技术和市场等方面的不确定性是影响市场竞争的主要因素,这些因素都可能对企业的战略执行产生影响。

3. 对于市场的误解和错误预测

战略决策需要基于对市场的分析和预测,也取决于市场企业经营者的认知和企业的决策机制。如果市场分析不准确或者预测错误,就会导致企业制定的战略决策不符合实际情况,从而增加风险。这可能造成企业的成本过高,让企业过多消耗资源。

4. 竞争对手行为的不确定性

竞争对手的行为和策略会对企业的战略决策产生影响。但是如果过多地把精力放在竞争对手身上而不是自己的主要业务上,会造成企业的核心优势流失,进而失去核心竞争力。如果企业无法准确预测竞争对手的行为,就会增加战略决策的不确定性和风险。

5. 资源配置不当

战略决策需要合理配置企业的资源,包括资金、人力、技术等。资源配置不当是指企业在资金、人力、技术等方面的资源分配不合理或不适当,从而导致资源的浪费、低效利用或者无法满足企业战略目标的问题。这可能会对企业的竞争力和可持续发展产生负面影响。

6. 不完善的决策过程

企业在制定战略决策时,如果决策过程不完善,包括决策者的偏见、决策程序的不规范等,都会增加战略风险。决策者可能受到主观偏见、个人利益、过度自信等因素的影响,做出不客观和不全面的决策。企业应该鼓励多角度思考和团队决策,避免个人偏见影响企业。

企业决策流程不清晰、不规范可能导致决策的混乱和不一致。建立透明、规范的决策流程和决策标准是非常重要的。企业如果缺乏对决策结果的评估和反馈机制,就无法及时纠正错误的决策,也无法从成功的决策中吸取经验。企业在决策过程中如果忽视风险管理和应急预案,可能导致决策的不稳定和不可持续。

二、战略风险合规管理流程

为了更好、更有效地进行战略风险管理,一般要按照以下基本流程强化战略风险合规管理工作。

1. 收集战略风险管理初始信息

在实施战略风险管理时,企业应当广泛地、持续不断地收集与本企业风险和风险管理相关的内部、外部初始信息,包括历史数据和未来预测。为了及时获取资料,并保证资料的真实可靠,企业应当把收集初始信息的职责分工落实到各有关职能部门和业务单位。企业应当对收集的与风险和风险管理相关的初始信息进行必要的筛选、提炼、对比、分类、组合,目的是为风险评估和风险管理提供依据。

2. 进行战略风险评估

企业应当对收集的战略风险管理初始信息和企业各项业务管理及其重要业务流程进行风险评估,包括风险辨识、风险分析、风险评价三个步骤。辨识、分析、评价影响企业经营目标的风险,目的是掌握风险的分布情况和影响程度,确认企业重大风险。企业应当对风险管理信息实行动态管理,并定期或不定期实施风险辨识、风险分析、风险评价,以便对新出现的风险和原有风险的变化做出评估。

3. 制定与实施战略风险管理策略

企业应当根据自身条件和外部环境,围绕企业发展战略,确定企业的风险偏好或风险承受度,以及风险管理有效性的标准,然后选择风险承担、风险规避、风险转移、风险转换、风险分散、风险补偿、风险控制等适合的风险管理工具,并确定风险管理所需人力和财力资源配置的原则。企业应当根据战略风险管理策略,按优先程度排序处理风险,针对每一类风险或每一项重大风险制定风险管理解决方案。该方案一般应包括风险解决的具体目标,所需组织领导的支持,所涉及的管理流程,所需的条件、手段等资源,风险事件发生前、中、后所需采取的具体应对措施等。

4. 战略风险管理的监督与改进

企业应当按照各有关部门和业务单位的职责分工,认真组织实施风险管理解决方案,确保各项措施落实到位。各职能部门应当按照战略风险管理的基本要求强化监督,企业内部审计部门应当每年至少一次对包括风险管理职能部门在内的各有关部门和业务单位能否按照有关规定开展风险管理工作及其工作效果进行监督评价,并提出改进建议。同时,根据实际情况和存在的缺陷及时对全面风险管理的工作进行持续的改进。

三、战略风险合规管理控制

从制度上看,对战略风险进行有效合规管理控制,首先需要明确战略风险的领导、组织和操作流程。一般而言，在现代公司治理框架下，金融机构的董事会和高级管理层应负责制定战略风险的管理原则和操作流程，并领导相关职能部门在统一协调和有效分工的基础上，分别进行战略风险的识别、评估、监测和管控。同时，内部审计部门应定期审查金融机构的战略风险管理流程，通过有效的内部监督提升战略风险管理的质量。

从方法上看，有效的战略风险合规管理控制应采用自上而下的方式，在对金融机构的愿景、规划和长期目标进行全面分析的基础上，制定以风险为导向的战略规划和实施方案，并将其细化贯彻到日常经营管理活动中。通常情况下，战略规划应该充分反映金融机构自身的经营特色，并清晰阐述实施方案中所涉及的风险因素、潜在收益及能够接受的风险水平。在此基础上，金融机构应该基于自身的风险偏好和风险管理目标，进行合理的战略风险经济资本配置，为可能发生的战略风险提前做好准备。

第四节 大数据金融风险合规管理

引导案例

2015 年 6 月 25 日，网商银行正式开业。作为银保监会批准的中国首批试点的民营银行之一，网商银行选择了互联网银行的独特发展模式，将服务小微企业、支持实体经济、践行普惠金融作为自身的愿景和使命。开业以来，网商银行基于各种各样的场景去触达小微企业，并为他们提供包括信贷在内的各类金融服务，先后推出了淘宝天猫贷、流量贷、口碑贷、双十一大促贷、旺农贷等创新性的场景金融信贷产品，服务线上、线下各种类型的小微企业及农村经营者。2016 年 3 月，网商银行抛出开业以来的首张成绩单。数据显示，网商银行服务小微企业的数量已经突破 80 万家，累计提供的信贷资金达到 450 亿元。

案例讨论

（1）为什么网商银行在短时间内发展如此迅猛？

（2）结合材料简单分析应用大数据的优势。

上述案例告诉我们，金融行业由于大数据的广泛使用而拓宽了其发展空间，开拓了新的业务模式。那么，什么是大数据金融呢？

案例讨论参考答案

一、大数据金融的含义与应用优势

（一）大数据金融的含义

大数据金融是指大数据技术在金融领域的运用。金融机构针对存储的海量数据，依托互联网、云数据中心、人工智能、区域链等信息化处理方式向客户提供金融产品和服务，有机融合新兴大数据技术和传统银行业务，并准确预测客户行为，提升金融机构在服务、营销和风控方面的能力。基于大数据的金融服务平台主要指拥有海量数据的电子商务企业开展的金融服务。

大数据金融的应用使得金融机构能够提供更精准的营销策略、风险管理及个性化金融服务,这种模式不仅能够提高金融服务的效率,还可以降低交易成本,扩大客户群体的规模。同时,大数据金融还能够实时搜集和分析数据,从而及时调整营销和风险控制策略,以应对市场变化。金融机构通过收集、分析和应用海量的数据,可以提高决策效率、优化风险管理和创造新的业务模式。

(二)大数据金融的应用优势

大数据金融以云计算为技术基础,可以搜寻、计算、分析客户的各类数据,所以大数据金融在金融行业的应用有一定的优势。

1. 数据客观,精准匹配

大数据金融依托大数据技术搜集客户交易信息、网络社区交流行为、资金流走向等数据,通过分析客户的消费习惯,针对不同的客户投放不同的营销内容和广告或分析客户的信用状况。由于大数据金融数据是根据客户自身行为而搜集的,且客观真实,因此大数据金融针对客户制定的营销方案和偏好推荐也能做到精准化。

2. 数据质量高

与其他行业数据相比,金融数据逻辑性强,对实时性、安全性和稳定性的要求更高。而且无论对于个人还是企业,金融数据都是核心敏感数据。金融行业核心实时交易系统数据须满足强一致性校准,正常状态下数据错误率趋近于零。因此,金融业开展大数据应用时,数据清洗环节较为简单。

3. 运营交易成本低,客户群体大

这种资金融通以大数据云计算为基础,主要依赖自动化计算而非人工审批,成本低廉,不仅可以针对小微企业金融服务,而且可以根据企业生产周期灵活决定贷款期限。大数据金融通过整合碎片化的需求和供给,不断拓展服务领域,惠及数以千万计的中小企业和中小客户,由此进一步拉低了大数据金融的运营与交易成本,实现降本增效。

4. 应用场景广泛,潜力大

大数据在金融行业有众多应用场景,包括精准营销、风险控制、客户关系管理、反欺诈检测、反洗钱检测、决策支持、股票预测、宏观经济分析与预测等方面。通过大数据应用,金融机构可开展精准营销,提升风控准确性,降低风控成本,增加用户黏性,改善客户体验,增强服务敏捷性。

二、大数据金融风险的含义、特征与种类

(一)大数据金融风险的含义

随着社会经济水平的提升和金融市场与世界的逐渐衔接,如何有效防范大数据金融风险,确保金融机构稳定与可持续发展,已成为当前值得重点考虑的问题。依托信息挖掘技术,金融机构可以更有效地利用这些数据,提取更多有价值的内容,并将其应用于市场和管

理中，以更好地应对金融风险。

大数据金融风险主要是指金融机构在未来收益获取过程中，由大数据应用及相关因素导致的不确定性和波动性情况。这些不确定性主要围绕金融机构的利润、资产和债务等方面，并受到金融市场波动性的直接影响。通常，这种风险包括盈利和损失的不确定性，其中损失的不确定性在现实生活中往往更受关注。

（二）大数据金融风险的特征

随着大数据技术的迅猛发展及其在金融领域的广泛应用，大数据金融风险也逐渐显现出其独特的特征。这类风险不仅关乎金融机构的稳定运营，更对整个金融市场的健康发展产生深远影响。

1. 信息安全风险高

在大数据时代，海量的数据资源成为金融机构竞争力的核心要素。然而，这些数据资源同时也成为黑客和不法分子的攻击目标。大数据环境下，信息泄露、数据篡改等信息安全事件频发，给金融机构的信息安全带来了极大的挑战。一旦数据泄露或被篡改，金融机构的声誉和利益将受到严重损害，甚至可能引发连锁反应，对整个金融市场的稳定造成威胁。

2. 数据分析风险大

大数据技术的核心在于数据的挖掘和分析。然而，数据分析并非万无一失，其准确性、有效性和可靠性往往受到多种因素的影响。例如，数据质量不高、分析方法不当或数据模型不合理等，都可能导致分析结果出现偏差。这些偏差可能使金融机构做出错误的决策，进而引发金融风险。

3. 法律风险显著

大数据金融的发展也带来了新的法律问题。由于相关法律法规的滞后和不完善，大数据金融活动往往处于法律监管的灰色地带。金融机构在利用大数据进行金融创新时，可能面临合规风险，如数据使用不当、侵犯隐私等。此外，不同国家和地区的法律差异也可能导致金融机构在跨境大数据金融活动中面临法律冲突和风险。

4. 创新风险增加

大数据技术的发展推动了金融产品和服务的创新。然而，这些创新同时也带来了新的风险。例如，基于大数据的信用评分模型可能存在模型风险，导致信用评估不准确；基于大数据的投资策略可能因市场变化而失效，引发投资风险。此外，创新产品可能涉及复杂的法律关系和技术问题，进一步增加了风险的不确定性。

5. 产品风险复杂

大数据金融产品往往具有较高的复杂性和专业性，可能涉及多个市场、多个资产类别和多种交易策略，其风险特性难以用传统的风险评估方法进行度量，使得普通投资者难以充分理解和评估其风险。此外，大数据金融产品的价格往往受到多种因素的影响，包括市场情绪、投资者预期等，使得其价格波动具有较大的不确定性。

6. 风控技术需求强

面对大数据金融风险，金融机构需要加强风控技术的研发和应用。这包括建立完善的数据安全体系、优化数据分析算法、提升风险识别能力等。同时，金融机构还需要加强与其他金融机构和监管部门的合作，共同应对大数据金融风险带来的挑战。

7. 操作风险突出

大数据金融活动的复杂性使得操作风险尤为突出，这包括由系统故障、人为错误或操作不当导致的风险事件。例如，数据录入错误可能导致分析结果失真；系统故障可能导致交易中断或延迟；人为操作不当可能引发合规问题；等等。因此，金融机构需要加强内部管理和培训，提高员工的操作水平和风险意识。

（三）大数据金融风险的种类

大数据金融风险的种类多种多样，涵盖了从技术、数据、操作到法律等多个层面。

1. 技术风险

技术风险是大数据金融领域最直接也是最常见的一类风险。由于大数据处理和分析高度依赖先进的技术工具和平台，因此技术故障、系统崩溃、网络安全漏洞等都可能引发风险。这些风险可能导致数据丢失、泄露或被篡改，进而影响金融决策的准确性和有效性。

2. 数据风险

数据风险主要体现在数据质量、数据安全和隐私保护等方面。数据质量问题可能导致分析结果不准确，误导金融决策；数据安全风险则可能引发数据泄露或被非法利用，损害金融机构和客户的利益；隐私保护不当则可能导致违反相关法律法规。

3. 操作风险

操作风险是指在大数据金融活动中由人为因素或系统操作不当引发的风险，具体包括操作失误、违规操作、内部欺诈等行为。这些行为可能导致经济损失、客户信任度下降及合规性问题。

4. 法律风险

随着大数据金融的快速发展，相关法律法规可能相对滞后，导致监管空白和不确定性。此外，不同国家和地区的法律差异也可能给跨境大数据金融活动带来法律冲突和风险。金融机构需要密切关注法律环境的变化，确保业务合规。

5. 市场风险

市场风险是指市场价格波动导致金融资产价值变化的风险。在大数据金融领域，市场风险可能表现为基于大数据的预测模型不准确，导致投资决策失误，进而引发资产损失。

6. 信用风险

信用风险是指借款人或债务人违约导致债权人损失的风险。在大数据金融领域，信用风险评估更加依赖大数据模型和分析，如果模型存在缺陷或数据不准确，可能导致信用风险评估失误，从而引发损失。

7. 流动性风险

流动性风险是指金融机构在需要资金时无法及时以合理价格获取资金的风险。在大数据金融领域，流动性风险可能表现为由技术故障或市场异常导致的数据处理和分析延迟，进而影响金融机构的资金调度和风险管理。

三、大数据金融风险识别

大数据金融风险识别是指利用大数据技术，对金融机构在业务活动中可能面临的各种风险进行准确、高效的识别和分析。这一过程对于金融机构来说至关重要，有助于提前发现潜在风险，制定相应的风险管理措施，从而保障机构的稳健经营和持续发展。

大数据金融风险识别的主要方法有以下三种。

1. 数据挖掘与分析

数据挖掘与分析是指通过对海量数据的深度挖掘和系统性分析，利用大数据技术对风险进行预测和分类。这种方法可以帮助金融机构发现隐藏在数据中的风险信号，提高风险识别的准确性和效率。

2. 统计分析

统计分析是指运用统计学原理和方法，对金融数据进行深入的分析，揭示数据背后的风险特征和规律。统计分析可以帮助金融机构量化风险，为风险管理提供科学依据。

3. 关联分析

关联分析是指通过对不同数据之间的关联关系进行分析，发现风险事件之间的潜在联系和规律。这种方法有助于金融机构深入理解风险事件的成因和传播途径，从而制定更加有效的风险管理策略。

需要注意的是，大数据金融风险识别虽然具有诸多优势，但也存在一些挑战和限制。例如，数据质量问题、技术更新速度、法律法规变化等因素都可能影响大数据金融风险识别的准确性和有效性。因此，金融机构在应用大数据技术进行风险识别时，需要充分考虑这些因素，并结合自身实际情况制定合适的风险管理策略。

四、大数据金融助力金融风险合规管理

大数据分析及挖掘技术能够帮助金融机构有效管控信用风险、市场风险、流动性风险、操作风险等各类风险，通过量化分析，对各类风险进行识别和监控，建立完善的风险防范体系。对于各种风险的管控、风险管理流程优化、实时监控与预警，大数据技术都是不可或缺的重要手段和工具。《巴塞尔协议》中对于每种风险的计算方法都有明确的规定，而数据是基础和核心，大数据技术的应用是关键。

1. 大数据金融助力信用风险合规管理

大数据技术的发展将改变信息获取、分析和运用的渠道与机制，为信息化风险管理创造技术条件。一方面，有效的数据清洗和数据挖掘技术的应用可从客户交易行为所积累产生的海量数据中识别信用风险合规管理过程中的关键信息。另一方面，金融机构业务的载体与社交媒体、电子商务的融合越来越紧密，大数据技术可整合客户线上、线下行为产生的结构化和非结构化信息，打破数据边界，使金融机构形成对客户行为立体化的跟踪评估，以期构建更为深化的信用风险合规管理全景视图。

2. 大数据金融助力流动性风险合规管理

流动性风险合规管理也是金融市场和金融行业热点话题之一。流动性风险最为显著的特点是“低频高损”，即发生的频率极低，但一旦发生往往是致命的。2013 年，我国“钱荒”事件对证券公司经营造成了较大冲击，促使金融机构更加积极地进行流动性风险合规管理。2014 年，巴塞尔委员会发布最新流动性风险合规管理框架，意味着对流动性风险合规管理的更加严格的精细化管理要求，从单一指标管理转变为覆盖事前、事中和事后的全流程管

理。2016 年 6 月,我国证监会正式发布修订后的《证券公司风险控制指标管理办法》及配套规则,从治理结构、政策策略、计量监控、信息系统等方面对证券公司的流动性风险合规管理提出了具体要求,明确了流动性风险监管、监控指标体系。

3. 大数据金融助力操作风险合规管理

十几年来,我国银监会陆续发布了《商业银行合规风险管理指引》《商业银行操作风险管理指引》《银行业金融机构全面风险管理指引》等多份监管文件,在结合国内银行业经营实际的基础上,明确了商业银行在内控合规和操作风险管理方面的工作要求。利用大数据技术平台,可实现合规、内控与操作风险管理系统的一体化运行,并依托系统实现合规、内控与操作风险管理工作流和信息流整合,以减少重复工作、节约管理成本,切实提高金融机构的管理效率并减轻各业务部门的工作量。

4. 大数据金融助力优化风险管理流程

大数据金融能够高效地采集和整合来自多个渠道的数据,包括但不限于交易数据、客户行为数据、市场行情数据等。通过对这些数据的整合,金融机构可以构建全面的数据视图,为风险管理提供坚实的数据基础。大数据金融不仅提供了强大的风险管理工具与数据,还可以帮助金融机构优化风险管理流程。通过对风险管理流程的数据分析和挖掘,可以发现流程中的瓶颈和低效环节,并进行改进。这将提高风险管理的效率和准确性,降低运营成本。

5. 大数据金融助力金融风险实时监控和预警

大数据技术能够实现金融风险的实时监控和预警。通过设定风险阈值和构建预警模型,金融机构可以及时发现异常情况并采取相应的应对措施。这有助于金融机构在风险事件发生时迅速反应,减少损失。

本章习题

一、单项选择题

1. 按引发国家风险事故的性质来划分,下列选项不属于国家风险的是(　　)。

A. 经济风险　　B. 政治风险　　C. 社会风险　　D. 折算风险

2. 下列情况中,国家风险表现为国际信贷风险的是(　　)。

A. 投资利润无法汇回母国　　B. 发生战争,造成投资者损失

C. 贸易对方国实行外汇管制　　D. 债务国中止还款,造成债权国损失

3. 下列选项不属于国家风险中的债务拒绝形式的是(　　)。

A. 债务拒付　　B. 债务重组

C. 违约　　D. 债务取消

4. 商业银行所面临的战略风险不包括(　　)。

A. 产业风险　　B. 品牌风险

C. 汇率风险　　D. 项目风险

5. 一般来说,商业银行规模(　　),抵抗风险的能力(　　),同时意味着商业银行面临

的风险因素越多,对其声誉的潜在威胁也越大。

A. 越大,越强　　B. 越小,越强

C. 越大,越弱　　D. 越小,越弱

6. 下列选项不属于大数据金融应用优势的是(　　)。

A. 运营交易成本高　　B. 应用场景广泛

C. 数据难以收集　　D. 应用潜力大

7. 下列选项不属于战略风险特点的是(　　)。

A. 目标不确定性　　B. 技术不确定性

C. 竞争不确定性　　D. 人员不确定性

8. 企业在制定战略决策时,如果决策过程不完善,会增加战略决策风险。决策过程不完善,一般有决策者偏见、(　　)等因素。

A. 决策程序不完善　　B. 决策时间太长

C. 决策采用集中制　　D. 决策考虑太全面

二、多项选择题

1. 下列关于国家风险的说法正确的有(　　)。

A. 国家风险属于国家之间经济交往的风险

B. 国家风险是和国家主权有密切联系的风险

C. 国家风险源于东道国法律和法规有强制执行性

D. 国家风险是由不可抗拒的国外因素所造成的

E. 国家风险存在或产生于跨国的金融经贸活动中

2. 根据借款者的形态,国家风险可分为(　　)等。

A. 政府风险　　B. 私人部门风险　　C. 公司风险

D. 个人风险　　E. 法人风险

3. 声誉风险的特征有(　　)。

A. 突发性　　B. 衍生性　　C. 难计量

D. 影响广　　E. 传播快

4. 大数据金融风险识别的主要方法包括(　　)。

A. 数据挖掘与分析　　B. 定性分析

C. 统计分析　　D. 关联分析

5. 战略风险的形成因素大致包括(　　)。

A. 信息的不完善　　B. 市场的不确定

C. 对于市场的误解　　D. 不完善的决策过程

6. 声誉风险产生的原因包括(　　)等类别。

A. 民事诉讼案件　　B. 公众投诉

C. 金融犯罪案件　　D. 监管机构行政处罚

7. 在进行国家风险评估时,通常情况下需要根据国家风险的构成因素建立评估模型,从(　　)等方面进行多个维度的量化评估。

A. 社会风险　　B. 政治风险　　C. 经济风险　　D. 自然风险

8. 大数据金融风险具有(　　)等特征。

A. 信息安全风险高　　B. 数据分析风险大

C. 法律风险显著　　D. 创新风险增加

三、判断题

1. 所有跨国信贷,无论其授信对象为该国政府、私人企业还是个人,都有可能遭遇国家风险。(　　)

2. 政治风险是指一国的社会矛盾所引发的风险,如发生内战、种族纠纷等所造成的风险。(　　)

3. 债务重新安排风险是指跨国银行迫于债务国的严峻形势对其债务勾销而遭受损失的风险。(　　)

4. 当政府征用投资者资产,或没收资产时,国家风险表现为国际贸易风险。(　　)

5. 债务拒付是指债务人因经营困难而要求债权人取消全部或部分债务。(　　)

6. 战略风险管理通常被认为是一项长期性的战略投资,其实施效果需要很长时间才能显现。(　　)

7. 大数据分析及挖掘技术能够帮助金融机构有效管控信用风险、市场风险、流动性风险、操作风险等各类风险,通过量化分析,对各类风险进行识别和监控,建立完善的风险防范体系。(　　)

8. 大数据金融风险识别是指利用大数据技术,对金融机构在业务活动中可能面临的各种风险进行准确、高效的识别和分析。(　　)

9. 企业制定战略决策的过程是一个非常完善的过程,一般不会出现任何问题。(　　)

10. 声誉风险产生的原因非常复杂,有可能是金融机构内部和外部风险因素综合作用的结果,也可能是非常简单的风险因素就触发了严重的声誉风险。(　　)

四、简答题

1. 阐述国家风险的含义、特征。
2. 简述影响国家风险的因素。
3. 简述声誉风险的含义、特征。
4. 结合实际谈谈声誉风险合规管理的流程。
5. 阐述战略风险的定义与特点。
6. 结合实际谈谈战略风险合规管理的流程。
7. 简述大数据金融的含义与应用优势。
8. 阐述大数据金融风险的含义与特征。

五、实务操作

根据所学声誉风险理论知识,结合你的所思所知所悟,你认为声誉风险管理规划应该包含哪些内容?

参考文献

[1] 张金清.金融风险管理[M].2 版.上海:复旦大学出版社,2011.

[2] 辛乔利.影子银行 揭秘鲜为人知的金融黑洞[M].北京:中国经济出版社,2010.

[3] 桑德斯,科尼特.金融风险管理[M].王中华,陆军,译.5 版.北京:人民邮电出版社,2012.

[4] 陈松男.金融风险管理:避险策略与风险值[M].北京:机械工业出版社,2014.

[5] 李社环.整体风险管理及其在金融业的应用[M].北京:中国财政经济出版社,2008.

[6] 刘园.金融风险管理[M].北京:首都经济贸易大学出版社,2016.

[7] 吕香茹.商业银行全面风险管理[M].北京:中国金融出版社,2009.

[8] 卢亚娟.金融风险与管理[M].北京:中国金融出版社,2012.

[9] 陆静.金融风险管理[M].北京:中国人民大学出版社,2019.

[10] 邬瑜骏.现代金融风险管理[M].南京:南京大学出版社,2018.

[11] 彭兴韵.金融学原理[M].5 版.上海:上海人民出版社,2013.

[12] 闫永新.金融风险管理[M].北京:机械工业出版社,2013.

[13] 于研.信用风险的测定与管理[M].上海:上海财政大学出版社,2003.

[14] 李艳芳,樊钰.金融市场[M].4 版.沈阳:东北财经大学出版社,2017.

[15] 朱淑珍.金融风险管理[M].3 版.北京:北京大学出版社,2017.

[16] 邹宏元.金融风险管理[M].成都:西南财经大学出版社,2017.

[17] 黄达.金融学[M].北京:中国人民大学出版社,2003.

[18] 考夫曼.现代金融体系:货币、市场和金融机构[M].陈平,等译.北京:经济科学出版社,2001.